EL
ALQUIMISTA
DEL
MULTINIVEL

José Antonio Doménech
Ángels Muñoz

Índice

Prólogos... 5

El Accidente...................................... 11

El misterioso señor Goodman.................... 17

El Gran Salto...................................... 31

Aprender a Aprender............................. 45

La Palanca... 63

Alimento para el Alma............................ 85

Una Canasta Inolvidable 97

El Rincón de Pensar.............................. 121

El Fulcro Mágico................................. 133

Los Inmortales................................... 149

Los Megaclientes 161

La Piedra y la Luna.............................. 177

La Escuela y la Carta............................ 189

Apéndice 1 : Las Palancas....................... 207

Apéndice 2 : Las Trampas........................ 209

Gracias,
Gracias,
y Gracias

(ya lo entenderás durante la lectura...)

Prólogo de la Networker

En mis más de 10 años como networker trabajando con una de las empresas más exitosas a nivel mundial del sector del multinivel, he visto que las personas acostumbran a caer constantemente en los mismos errores.

Por otro lado, también he notado qué rápido se olvidan de las ventajas y beneficios que este negocio nos brinda.

Eso me llevó a pedirle a Jose Antonio que escribiéramos un pequeño texto para aclarar estos conceptos básicos a los nuevos distribuidores de mi organización. Pero jamás pensé que acabaríamos teniendo ante nosotros un libro de la calidad de éste.

En principio iba a ser algo interno, pero ante el resultado, decidimos ponerlo al alcance de todas las personas que quisieran beneficiarse de su contenido.

Y he sido testigo de cómo este libro, por su emotiva historia y sus claros ejemplos, le ha cambiado la actitud y la percepción del negocio a muchas personas que lo han leído ya.

Tanto para las personas líderes como yo, con grandes equipos, como para las personas que acaban de empezar el negocio, es un libro de referencia, en el que aconsejo sumergirse de vez en cuando.

Nos inspira y motiva, nos despierta y sacude, y también nos aporta numerosos ejemplos para nuestras presentaciones y citaciones. Yo solo tengo palabras de agradecimiento al esfuerzo intelectual que Jose Antonio, que nunca había escrito un libro, ha hecho para sacar de las teclas de su pc y de su inquieta mente, esta historia tan inolvidable y, sobretodo, útil para el día a día de nuestro negocio multinivel. Y además con ese punto de diversión y esa forma de redactarla ha conseguido, como él dice, que "no la leerás, sino que la vivirás".

Todo vehículo que contribuya a alcanzar la paz en nuestro corazón y nos ayude a lograr vivir nuestros sueños, vale la pena activarlo.

Soy un vivo ejemplo de que si seguimos las pautas correctas, SÍ SE PUEDE.

Ojalá aproveches hasta la última palabra de este libro para que tu negocio despegue definitivamente y llegues a conseguir todos tus objetivos, tanto financieros como personales.

Ángels Muñoz,
Diamante Internacional Platino
4life Research

Prólogo del Alquimista

En primer lugar, quiero felicitar a Ángels por ser la primera distribuidora de 4Life Research en Europa en alcanzar recientemente el rango más alto de "Diamante Internacional Platino". Su incansable esfuerzo e innata vocación para ayudar a sus distribuidores han hecho esta importante hazaña posible. Mi mayor aprecio y admiración por ello. ¡Felicidades!

En esta segunda edición del libro, lo primero que quiero es hacer una breve aclaración. El texto de la historia es idéntico a la primera pero, además de la portada, hay un cambio importante. En la primera edición aparecía yo como único autor del mismo y como veréis en esta edición aparece Angels Muñoz como coautora. Ella no quería aparecer como tal, pero lo justo es que lo haga pues este libro está basado en su experiencia como empresaria multinivel de éxito. Ambas aportaciones a la redacción del libro han sido tan distintas como imprescindibles para el resultado final que tienes en tus manos.

En mi viaje vital jamás he conocido a nadie como ella. Es un Ser único. Nunca me he encontrado a nadie que tenga tan claro el concepto de Ayudar a los demás sin esperar nada a cambio. Y creo que esa es una de las virtudes, hay muchas más, que le han hecho llegar a las cotas de éxito que está alcanzando en su empresa multinivel. Las más de seis mil personas de diferentes nacionalidades que componen su equipo a día de hoy pueden corroborar lo que afirmo.

Personalmente, he sido testigo privilegiado de cómo ha tomado acción en cualquier causa que fuese justa. Además estos años tan cerca de ella me han hecho mucho mejor persona y se lo agradezco profundamente.

Toda esa experiencia en el "campo" sumada a mi afición de tratar de explicar cosas complejas con ejemplos sencillos han dado como resultado este libro.

Practicar la "Alquimia Mental" es casi una necesidad para avanzar en cualquier ámbito de la vida. Sacar la lectura positiva encerrada en cualquier experiencia que "a priori" se torna como un obstáculo, es un arte que todos y todas deberíamos desarrollar. Creo que es la única forma de llegar a tener una vida feliz. Los sabios son expertos en este antiguo arte. Los "virus mentales" de los que leerás a continuación, y que son los principales enemigos de tu negocio, son más que reales y la Alquimia Mental es el único antídoto contra ellos.

Si este libro te aporta algo que te ayude a ser un poquito más sabio y a relanzar definitivamente tu negocio, el esfuerzo de escribirlo habrá valido la pena con creces.

Ahora ya te dejo con el frenético comienzo de la historia. Espero de corazón que te guste.

José Antonio Doménech

emprendedor y escritor

"Es detestable esa avaricia espiritual
que tienen los que, sabiendo algo,
no procuran la transmisión
de esos Conocimientos"

Miguel de Unamuno

"No hay nada en la Vida que debamos Temer,
solo debemos Entender.
Ahora es el momento de Entender más,
para que podamos Temer menos"

Marie Curie

El Accidente

—¡Menudo desastre! —voy repitiéndome en voz alta cual tarado tras acompañar a Juan y a su mujer a la puerta de casa para despedirme y agradecerles su asistencia—. ¡Otra presentación sin que firme nadie! ¿Pero por qué la gente no ve la oportunidad que les ofrezco?

—¡Si es que ya me lo dijo Sara. Ya me avisó que en estos negocios multinivel solo ganan unos pocos a costa de tontos como yo! —sigo dialogando conmigo mismo mientras busco las llaves del coche para tratar de llegar al supermercado antes de que cierren.

Todo tipo de pensamientos catastrofistas invaden mi mente absorbiendo prácticamente toda mi atención. Casi inconscientemente llego al coche, arranco el motor y me dirijo al centro comercial.

Tras varios minutos conduciendo todo parece tranquilo. Unos coches salen de la ciudad, otros entran, en un movimiento de colores que me recuerda al fluir de la sangre a través de venas y arterias.

Entre pensamiento y pensamiento me parece ver por el rabillo del ojo izquierdo un coche que me adelanta. Todo parece correcto menos por un pequeño detalle que me hace salir de golpe de mi anestesia mental.

—¿Qué? ¿Cómo? —grito antes de empezar a tocar el claxon como si me hubiese vuelto loco.

El coche no está adelantándome a mí, sino que va en dirección contraria por el otro carril de la autovía. Rápidamente mi mente llega a una conclusión. ¡Es un conductor suicida!

Por un momento dudo entre si será realmente un suicida o simplemente un despistado muy peligroso. Por desgracia, ambas posibilidades pasan casi a diario.

Tengo que avisarle. Me pongo en paralelo con él y saco un pañuelo por la ventanilla mientras sigo haciendo sonar el claxon. Incluso puedo ver la cara de perfil de un chaval joven mirando fijamente la carretera, como si no se hubiera dado cuenta de nada.

—¿Pero este tío es tonto o está sordo? —grito indignado.

¿O realmente es un suicida? La simple posibilidad de que sea así provoca que un escalofrío recorra todo mi cuerpo.

Todavía estoy sintiendo el escalofrío cuando veo a unos doscientos metros un vehículo que se acerca. Parece que va adelantando a otro justo por el carril por el que circula el imbécil éste. Va directo hacia el desastre.

—¡No, no, nooo…! —grito en un absurdo intento de que me escuchen.

Mi corazón se pone a mil por hora. Le hago las luces largas sin cesar en un intento desesperado de que frene y se retire hacia un lado.

Parece que en el último momento se ha dado cuenta de la situación y trata de frenar pero es demasiado tarde. Cuando me quiero dar cuenta, veo el enorme vehículo saltando la mediana por los aires y… ¡volando directo hacia mí! Está claro, hoy es mi día. Hoy voy a morir.

Este pensamiento me sumerge en un profundo silencio interno que dura unos instantes eternos hasta que oigo un fuerte estruendo que me hace salir del letargo. De pronto, pierdo totalmente el control del volante. No sé qué ha pasado pero las imágenes comienzan a girar y girar entre miles de relucientes chispas. Vuelve ese pensamiento, que se repite en mi cabeza. ¡Voy a morir! En un instante pasan por mi cabeza todas aquellas cosas que pospuse durante años pensando que ya habría un momento mejor. Aparecen también los rostros de mi mujer y de mis padres. ¡Y yo postergando todos los proyectos que teníamos para hacer juntos. Seré tonto!

Y tras no sé cuántos giros, ruidos y chispas… silencio. Un profundo silencio se adueña de la escena. No siento ningún dolor, así que lo lógico es que haya muerto. Muevo un brazo. Muevo el otro brazo. Si esto es la muerte se parece mucho a la vida. Todavía estoy perfectamente amarrado a mi asiento. Me desabrocho el cinturón de seguridad sin problemas. Increíblemente, hasta ahora todo parece correcto. Al abrir la puerta me doy cuenta de que se abre con demasiada facilidad. Salgo un poco atontado y mareado. Miro el coche. Bueno, lo queda de él porque… ¡ha desaparecido la mitad! Ni rastro de los asientos traseros ni del maletero. Parece como si lo hubiesen cortado con una radial. No salgo de mi asombro ante la surrealista imagen.

¿Y yo? ¿Cómo estoy? ¿Sangro? ¿Qué tengo roto? Comienzo a tocarme por todas partes. No encuentro sangre por ningún lado. Puedo mover los brazos, las piernas, todo parece correcto excepto por un dolor en la base del cuello. No lo puedo creer.

—¡Estoy bien, estoy bien….! —me digo a mí mismo tratando de convencerme.

Mientras todavía estoy intentando aceptar lo que ha pasado, un pensamiento vuelve a agitar mi alma. ¡El conductor del otro coche! Giro la cabeza hacia atrás bruscamente buscando el coche con la mirada.

—¡Ahhh! —ahora sí que me ha pegado un latigazo en el cuello. Tengo que tener cuidado. A pesar del dolor salgo corriendo hacia un trozo de quitamiedos destrozado y retorcido por donde debe de haberse despeñado el vehículo. No sin antes alucinar al pasar junto a la mitad desaparecida de mi coche que está en medio de la carretera. ¡Estoy flipando, estoy flipando, esto no parece real! Trato de olvidar lo de mi coche y sigo mi camino hacia el quitamiedos.

Cuando llego veo el otro vehículo empotrado contra un gran árbol. Sale humo por varios sitios. Miro a mi alrededor para ver quién nos pudiera ayudar pero, por increíble que parezca, no veo a nadie. Busco en mi bolsillo para sacar el teléfono móvil y pedir ayuda. Pero por más que busco no lo encuentro. Debe estar en el coche. ¿Voy a buscarlo? Dudo por un momento justo antes de mirar el coche y ver aparecer las primeras llamas.

—¡Mierda, está ardiendo! —refunfuño mientras vuelvo a mirar a mi alrededor con la esperanza de encontrar a alguien que nos ayude. Pero nada, no veo a nadie. Estoy solo en esto y no hay tiempo que perder. Debo sacar a esas personas de ahí lo antes posible.

Olvidándome del dolor de cuello, que extrañamente ahora parece estar sedado, comienzo a adentrarme entre algunos matorrales hacia el vehículo. Después de andar unos treinta metros, y tras varios pinchazos con las espinas de los arbustos, llego al vehículo.

Huele a gasolina. Mal asunto. No hay tiempo que perder. Rápidamente me dirijo a la la puerta. A través del hueco de la ventanilla veo solo a un señor mayor en el asiento del conductor. Está inconsciente y le cae sangre por la cara.

—¡Joder! —grito asustado cuando veo aparecer más fuego en la parte delantera, que está totalmente empotrada contra el árbol. No hay tiempo. Esto va a salir por los aires en cualquier momento.

—¡Venga, venga, vamos…! —me grito a mí mismo para darme ánimos—. ¡A ver si me he salvado de una y la voy a palmar ahora. No me jodas, no me jodas! —sigo hablando solo mientras cojo el tirador de la puerta—. ¡Por favor, Dios, dame fuerzas! —imploro mientras cojo una posición adecuada para poder tirar de ella con todas mis fuerzas.

Tiro fuertemente y, para mi sorpresa, se abre con tanta facilidad que por la inercia caigo hacia atrás sobre un arbusto lleno de espinas. Con el stress y las prisas casi no siento los pinchazos. Me levanto rápidamente y me dirijo de nuevo a la puerta, ahora totalmente abierta. Aparto el airbag todo lo que puedo y busco el enganche del cinturón de seguridad. No abre. Vuelvo a pulsarlo una vez tras otra, pero no abre. Y el fuego sigue creciendo. Vuelvo a pensar que vamos a morir.

Y mientras estoy casi entregado a mi suerte me sucede algo que me devuelve el optimismo. Alargo la mano derecha todo lo que puedo hacia lo que parecen unas tijeras de jardinero que se asoman por debajo del asiento.

Y efectivamente, para mi asombro, tengo unas hermosas tijeras de jardinero en mi mano, con cuyo magnífico filo corto el cinturón casi sin esfuerzo. Acabo de quitárselo y me echo el cuerpo inconsciente sobre mi hombro derecho, me doy la vuelta y me pongo a caminar a duras penas entre los arbustos. No sé de dónde saco las fuerzas pero llego hasta la carretera. Subo el desnivel mientras veo algunas personas que, ahora sí, se acercan corriendo hacia nosotros. Me ayudan a poner al señor herido sobre el suelo con el máximo cuidado. Yo también me tumbo. Estoy muy mareado.

–¡Soy médico! –dice una voz masculina.

Y al segundo siguiente escucho una fuerte explosión seguida de una oleada de aire caliente. Veo a algunas personas en el suelo. Oigo sirenas. Veo luces de colores. Alguien me dice algo pero no le entiendo bien. Intento hablar pero no puedo pronunciar palabra. Parece que voy borracho. Todo empieza a dar vueltas. Su cara empieza a difuminarse. Todo se difumina. Entro en un profundo silencio. Y ahora… oscuridad.

Oigo unos sonidos. Debe ser Sara preparando el desayuno. Al ir a desperezarme como todas las mañanas–. ¡Ahhhh! –siento un fuerte dolor en el cuello y en el costado.

–¡Sara! –grito mientras trato de quitarme algo que tengo en la cara.

–¿Qué diantres son estas cosas que hay en mi cara y en mi cuello? –me quejo mientras alucino al echar un vistazo a mi alrededor y darme cuenta de que éste no es mi dormitorio.

–¿Dónde estoy? ¡Sara! –empiezo a ponerme nervioso.

–¡Tranquilo cariño! –por fin escucho la suave voz de mi mujer. Acto seguido la veo entrar en la misteriosa estancia junto con otro hombre con bata blanca–. ¡Cariño! ¡Por fin despertaste! ¿Cómo te encuentras?

–Bien. Creo. Me duele un poco la cabeza. Pero, ¿dónde estamos?

–En el hospital cariño. Tuviste un accidente. Éste es el doctor Márquez.

–Puede estar tranquilo señor Guzmán –asevera con voz profunda el doctor–. Afortunadamente, además de varios hematomas sin importancia, solo tiene un esguince cervical. Realmente puede estar contento. Por lo que me han contado es un verdadero milagro. Es normal que tras el golpe tenga una leve amnesia pero se le pasará pronto. Ahora lo que necesita es descansar.

–¡El coche! –susurro sorprendido al empezar a recordar algu-

15

nas imágenes de lo sucedido—. ¡El coche ardiendo! —grito a la vez que me da un latigazo el cuello al tratar de erguirme un poco de manera casi inconsciente.

—Tranquilo, tranquilo. Ahora necesita descansar el cuerpo y la mente —me dice el doctor tratando de calmarme, mientras me empuja ligeramente hacia atrás recostándome de nuevo sobre la cama—. Trate de no forzar el cuello. Tendrá que llevar el collarín por lo menos diez días. Sabemos el riesgo que corrió para ayudar al otro conductor implicado, así que, para su tranquilidad, le informo de que está bien. Ambos han tenido mucha suerte.

—¡Gracias a Dios. Por lo menos el riesgo sirvió para algo! —exclamo aliviado.

—Bueno señores pues, por lo que a mí respecta, a partir de mañana puede continuar su recuperación en casa, que es donde mejor se está. Pero esta noche, por precaución, prefiero que se quede aquí en observación.

—Sí doctor, muchas gracias —responde Sara a la vez que me mira cariñosamente.

Nada más salir el doctor de la habitación no tardo ni un segundo en preguntarle—. ¿Sara, sabes tú algo más sobre el otro conductor?

—Cariño, sé lo mismo que tú, que se encuentra bien. Y gracias a tu valor. Estás hecho todo un héroe. Algunos testigos me lo han contado todo. Estoy muy orgullosa de ti. Pero ahora debes descansar.

El sofá para acompañantes no debe ser muy cómodo. Así que convenzo a Sara para que se vaya a dormir a casa. Me quedo solo en la habitación, acompañado únicamente por los extraños sonidos de las máquinas. Comienzan a llegar a mi mente una imagen tras otra. Al principio de una manera un tanto desordenada y anárquica, pero poco a poco voy recomponiendo un poco más el puzzle. Es entonces cuando mi cuerpo vuelve a agitarse al recordar la imagen del señor herido. Pero no puedo recordar su rostro.

El misterioso
señor Goodman

Después de una semana de descanso en casa ya voy encontrándome mucho mejor. El dolor de cuello casi ha desaparecido y los hematomas del costado ya han pasado por todos los colores y han comenzado a disiparse. De hecho ya estoy más tiempo sin el collarín que con él. Varios compañeros de trabajo se han interesado por mi estado. Pero no me apetece hablar con nadie. Gracias a Sara, que ha ejercido de secretaria, solo he tenido que hablar con mis padres y con mi jefe. También algunos compañeros de mi empresa multinivel han llamado a casa interesándose por mi salud. Es alucinante cómo corren las noticias.

—Cariño, ¿qué te apetece comer?

—Cualquier cosa. Ya sabes que no tengo mucha hambre. Quizás un poco de pollo con... ¡Ring, ring! —el sonido del teléfono interrumpe mi elección del menú.

—Por favor cariño mira a ver quién es ahora.

Y de pronto, aparece la cara de Sara tras la puerta entreabierta del dormitorio haciéndome una extraña mueca con la cara mientras tapa el micrófono del teléfono con la palma de la mano.

—¿Qué…? —le digo un poco intrigado—. ¿Quién es…?

—Es el señor Joseph Goodman.

—¿Quién…? No sé quién es. Se habrá equivocado de número.

—¡Noooo! Es el señor al que ayudaste en el accidente —me aclara Sara mientras se acerca hacia mí alargando la mano con el teléfono en clara señal de que responda.

De pronto, mi corazón comienza a bombear mucho más rápido y siento cómo un extraño nerviosismo se apodera de mí. No me he preparado para este momento y ahora ha llegado sin avisar. Por un momento siento la tentación de decirle a Sara que me llame más tarde, pero instintivamente alargo el brazo y cojo el teléfono.

—¿Sí…? ¿Dígame…? —mi voz suena un poco entrecortada.

—Muy buenos días. Al habla Joseph Goodman, el hombre al que salvó la vida hace nueve días —responde una voz grave y profunda.

—¡Buenos días señor! ¿Cómo se encuentra?

—¡Oh! Mucho mejor. La verdad es que he tenido una recuperación milagrosa para mi edad. O por lo menos eso dicen los médicos. Pero ahora lo que me gustaría saber es cómo está usted.

—Bueno, también bastante mejor. Sufrí un esguince en el cuello y algunos hematomas tras su "aterrizaje" sobre mi coche pero, por lo demás, me encuentro bien —respondo en un tono un tanto jocoso.

—¡Ja, ja, ja…! Celebro que haya recuperado el sentido del humor. Esa es una buena señal. No se imagina cómo me alegro.

—Sí, yo también me alegro. La verdad es que lo estamos contando por los pelos.

—Así es, y todo gracias a usted. Esa es la segunda cosa de la que le quería hablar. Me han contado lo que pasó y le estoy infinitamente agradecido por el valor que demostró en una situación tan complicada. Puso su vida en juego por alguien que ni conocía. Eso dice mucho de su calidad humana.

—Bueno, hice lo que hubiese hecho cualquiera —respondo de una forma un tanto automática.

—No lo crea. Pero en cualquier caso el destino quiso que viviésemos juntos esos momentos. Y por ello me gustaría agradecérselo invitándoles a usted y a su mujer a comer a mi casa este jueves que viene. Si les viene bien, claro —me aclara muy educadamente.

No sé muy bien qué decir. La verdad es que no me apetece demasiado pero ante tanta amabilidad no puedo negarme.

—Claro, será un placer —contesto sin mucho convencimiento.

—Perfecto entonces. El jueves les esperamos mi mujer y yo. Mary está deseando conocerles.

—El único problema es que mi coche está partido por la mitad —señalo un poco entre risueña e irónicamente.

—¡Ja, ja, ja…! Me gusta su sentido del humor. No se preocupe por nada. Un chófer les recogerá a las doce en punto. ¿Le parece buena hora?

—Sí, creo que sí. Me parece bien. Me irá bien un poco de aire puro. ¿Le doy nuestra dirección?

—No hace falta, me la dieron en el hospital junto con su teléfono. Entonces les esperamos el jueves para comer. Cuídese mucho. Y gracias de nuevo.

—Hasta el jueves señor Goodman —respondo sin salir todavía de mi asombro.

Bueno, pues no ha sido para tanto. Además, desde que pasó el accidente he pensado muchas veces en aquel hombre. Ya le he puesto nombre y el jueves espero poder ponerle cara.

Pasan rápidamente los días y, casi sin darme cuenta, ya ha llegado el esperado jueves. Me levanto de la cama mucho antes de que suene el despertador. Con los nervios no puedo dormir más. Hoy es el día que voy a conocer al señor Joseph Goodman.

Espero que el chófer encuentre nuestra casa sin problemas. Son las doce en punto y ya estamos casi preparados. Justo al dejar de mirar el reloj de pared que preside la cocina llaman a la puerta. Al abrirla veo un señor vestido de manera un tanto informal, pero impecable, y con una amplia sonrisa en su cara.

—Buenos días señor Guzmán, mi nombre es Tom y vengo a llevarles a casa de los señores Goodman. Cuando estén listos podemos salir —me dice con total seguridad.

—Claro, claro. Denos un minuto, por favor.

—Por supuesto. Tómense el tiempo que necesiten. Les espero en el coche.

Mientras espero a que baje Sara de coger el teléfono móvil, echo un vistazo a través de la ventana y veo al conductor esperando mientras le saca más brillo, si eso es posible, a un deslumbrante 4x4 de color negro.

—Ya estoy lista cariño. ¡Vamos! —me dice Sara al terminar de bajar las escaleras.

Junto al vehículo nos espera el chófer, bien sonriente, con la puerta trasera abierta y haciéndonos un gesto en señal de que subamos.

—¡Gracias! —decimos Sara y yo al unísono.

—Gracias a ustedes señores —responde con impecable amabilidad mientras se encarga de cerrar la puerta.

Subimos y nos ponemos en marcha sin saber hacia dónde vamos. Esto me crea una doble sensación. Por un lado siento un cierto temor por no tener el control de la situación. Y por otro lado siento una especie de reconexión con el espíritu aventurero que me caracterizaba hace años pero que hace tiempo que está aletargado. Cojo la mano de Sara, nos miramos, y sonreímos.

—Intuyo que hoy va a ser un bonito día —le susurro al oído.

—Eso espero —me responde un poco dubitativa y nerviosa.

Comenzamos el trayecto y, por lo que parece, nos dirigimos al sur. Dejamos atrás la ciudad y continuamos unos veinticinco minutos hasta que tomamos una salida de la carretera general para enlazar con una secundaria un poco bacheada. Nunca habíamos venido por esta parte de la región. A medida que avanzamos, parece que nos dirigimos directamente hacia dos pequeñas montañas gemelas que cada vez están más cerca. Efectivamente, la carretera pasa justamente entre los dos cerros que ahora parecen los pilares de la puerta a otro mundo. Incluso la vegetación cambia drásticamente. Me pregunto cómo no hemos venido nunca por esta zona. Es un lugar absolutamente mágico. Me deleito con la expresión de la cara de Sara que está totalmente absorbida por la belleza del paisaje.

Nos acercamos a un gran portón de madera. La longitud del muro, que se pierde a lo lejos de nuestra vista, me hace pensar que es una finca enorme. El robusto portón se abre a nuestro paso y accedemos a un verdadero Edén. Cualquier sitio al que miramos nos hechiza ante la belleza y armonía de sus conjuntos de plantas y flores.

—¡Ya casi estamos…! —nos informa Tom.

Sara y yo nos miramos. Nuestras miradas parecen las de dos adolescentes haciendo algún nuevo descubrimiento. Me alegro de haber venido. Desde el accidente estamos bastante sedentarios y tomar un poco de aire puro será genial.

Vemos a lo lejos una casa de madera. A medida que nos vamos acercando apreciamos mejor su gran tamaño y sus detalles en la madera labrada. Es una casa preciosa. En la puerta hay dos personas de pie.

—¡Señores, ya pueden bajar! —nos anuncia Tom tras aparcar el vehículo frente a la casa. Estoy un poco nervioso. Sara parece haberse relajado un poco.

—¿Vamos? —le digo a Sara dándole un empujoncito juguetón a la vez que Tom nos abre la puerta.

—¡Bienvenidos! —dice una voz profunda que rápidamente reconozco. Sin duda, es la misma voz que oí a través del teléfono—. ¡Gracias por haber venido!

Al levantar la mirada veo un señor mayor de pelo totalmente canoso y de porte atlético y distinguido. A su lado está situada una mujer unos cuantos años más joven que él, también muy guapa y elegante.

—Usted debe ser el señor Goodman —anoto mientras estiro el brazo para darle la mano.

—¡El mismo! Pero por favor llámame Joe. Ella es mi mujer, Mary —responde cogiendo a la mujer que está a su lado por la cintura—. Y usted debe ser el señor Guzmán.

—Sí, pero llámame Jorge. Y ella es mi mujer, Sara —respondo mientras quedo sorprendido por la fuerza con la que me da la mano. Para la edad que debe tener está muy en forma.

—¿Qué tal el viaje? —pregunta amablemente la señora.

—Bien, muy bien. Mejor que la última vez que subí a un coche. Además, a Tom le gusta llevar las ruedas pegadas al asfalto.

—¡Ja, ja, ja…! Me gusta tu sentido del humor, Jorge —responde el señor Goodman.

Todos nos echamos a reír. Parece que mi humor irónico ha servido para romper un poco el hielo.

–Pero pasad, por favor. Con este calor nos vendrá bien algo refrescante. ¿Os apetece una limonada bien fresquita que acabo de preparar?

–Sí, claro –volvemos a decir a modo de coro Sara y yo.

Entramos y me sorprende que la casa no es tan lujosa como suponía, pero es muy acogedora. Tiene una luz muy cálida. En el ambiente reina un delicioso olor a comida que comienza a abrirme el apetito. La estancia está llena de pequeños detalles. Imagino que cada uno con su propia historia. Hay muchas fotos pero hay una que me llama poderosamente la atención en la que aparece el señor Goodman con Frank Sinatra, ¡y ambos en bañador!

–¿Conoció personalmente a Frank Sinatra? –pregunto un tanto perplejo.

–¡Oh, sí! Fuimos buenos amigos –me sorprende la naturalidad con la que me lo dice.

–¿Sara, te importa que te robe un rato a Jorge mientras Mary te enseña la casa? –dice Joe cogiéndome por el hombro–. Me gustaría hablar algo con él a solas.

–No, claro que no. Pero devuélvemelo, por favor.

Todos reímos mientras Joe coge dos vasos llenos de limonada y me hace un gesto como para que le acompañe fuera de la casa. Le sigo educadamente. Me pregunto qué será tan secreto como para tener que estar a solas.

–Me gustaría platicar contigo mientras caminamos –me dice al bajar las escaleras del porche–. Caminar tiene algo que estimula las conversaciones. Y así, de paso, te enseño un poco el terreno.

¿Platicar? Recuerdo que esa palabra la utilizaba mucho un compañero de trabajo mexicano. Ese acento también parece mexicano, aunque Goodman me suena más a estadounidense. Amigo de Sinatra. Debe ser americano. Salgo de la casa preso de mis elucubraciones. Creo que lo mejor será preguntárselo.

–¿De dónde eres, Joe?

–Bueno, esa es una larga historia. Habrá tiempo para detalles pero para abreviar te diré que nací en México. Mi padre era estadounidense y mi madre mexicana. Hasta que mis padres murieron alterné estancias en ambos países, así que tengo ambas nacionalidades.

–Oh, lo siento.

–Tranquilo. Eso pasó hace mucho tiempo. Ahora lo importante es otra cosa. Te he invitado a mi casa porque estoy muy agradecido por el valor que demostraste el día que me salvaste la vida. Y tengo la intuición de que el destino cruzó nuestros caminos por alguna razón importante.

–Pues no sé.

–¿A qué te dedicas Jorge?

–Soy contable en un empresa dedicada a la fabricación de muebles.

–¿Y qué tal te va?

–Bueno, es un trabajo bastante aburrido y no demasiado bien pagado. Pero bueno, es lo que hay. Mi mujer me dice que me tengo que sentir afortunado por tener un trabajo fijo.

–¿Y no tratas de conseguir algún ingreso extra en tu tiempo libre?

–Sí, bueno… –le digo sin mucha convicción.

–Sí, bueno… ¿qué? –me responde con un tono un tanto desafiante.

–No sé si los conocerás, pero comencé hace un par de meses un negocio multinivel de esos en los que ganan dinero unos cuantos listos a costa de tontos como yo –le confieso un poco compungido–. Y claro, como ya me advirtieron, muy bien no me está yendo la cosa.

–¡Eureka! –le oigo murmurar mientras se le dibuja una amplia sonrisa en la cara.

–Parece que te alegres de mi fracaso –le reprocho un poco contrariado.

–No, por favor. Jamás me alegraría de algo que te perjudicase. Te pido mil disculpas si lo ha parecido. Es que acabo de entenderlo todo.

A lo lejos se oye una bonita voz femenina–. ¡A comer! –es Mary anunciando que la comida está preparada.

–¡Vamos, rápido! Mary es una mujer maravillosa pero como se enfríe la comida no será tan amable ¡Ja, ja, ja…! Vamos o se enojará –me dice mientras apresura un poco el paso.

–Sí, vamos pero, ¿qué es "todo" eso que acabas de entender?

–Tranquilo, lo vas a comprender todo muy pronto. Ahora relájate y disfruta del banquete. Mary es una gran cocinera.

Un poco mosqueado por no obtener respuesta, le sigo hasta la casa. El aroma es todavía más suculento que antes. El apetito y la agradable conversación con las mujeres hacen pasar el suceso a un segundo plano.

Tras el fantástico banquete y una conversación muy entretenida, nos dirigimos Joe y yo al porche mientras Mary y Sara preparan un poco de té.

–¿Crees en las "causalidades" del destino? –me pregunta Joe.

–¿Has dicho casualidades o "causalidades", Joe?

–¡Ja, ja, ja..! La verdad es que aunque las dos se parecen mucho significan casi lo contrario. A lo mejor entiendes mejor "sincronicidades", como las llamó Jung, o simplemente "señales".

Instantáneamente viene a mi mente algunos fragmentos del libro *"El Alquimista"* de Paulo Coelho que leí hace años.

–¿Quieres decir "señales" al estilo del libro *"El Alquimista"* de Coelho?

–Exacto. Un gran libro. ¿Lo has leído?

–Sí, hace años. Pero no le di demasiada importancia a ese tema.

–Pues te voy a decir algo. Todo en nuestra breve relación es, sin lugar a dudas, una señal o, como me gusta llamarla a mí, una causalidad. Y una que llevo años esperando. Si te soy sincero, pensaba que ya no llegarías.

–Perdona, pero no te entiendo Joe.

–Tranquilo, lo irás entendiendo poco a poco. Antes me dijiste algo a lo que respondí "eureka".

–Sí. Y por cierto, me dejaste un poco mosqueado.

–Te pido disculpas, pero es que todo tiene su momento. Así de caprichosa es la vida. La señal apareció claramente ante mí cuando me dijiste que estabas tratando de llevar adelante un negocio multinivel.

–¿Y qué tiene que ver eso con nosotros?

–Acompáñame Jorge. Te quiero enseñar algo.

Entramos de nuevo en casa. Joe me pide que coja dos tazas de té que hay sobre la mesa y que le siga. Nos dirigimos hacia la escalera, que comenzamos a subir. No nos quedamos en la segunda planta, sino que seguimos subiendo a una tercera. Allí aparece ante mis ojos una estancia increíble. Por la mesa que la preside, y la distribución de sillas y sillones, no hay duda de que es su despacho. Las paredes están empapeladas con más fotos y lo que parecen galardones, premios y menciones de honor de todo tipo. Para iluminarlo, un gran ventanal alargado que nos asoma al paradisiaco paisaje que nos rodea. La sensación de armonía la completa una delicada y sutil cortina que se encarga de tamizar los rayos de luz que entran lateralmente, sin impedir que disfrutemos la bella perspectiva del lugar a través de ella.

–Siéntate por favor –me dice señalándome un par de sillas acolchadas que hay frente a la mesa–. Veo que eres muy observador así que habrás notado que el dinero y el éxito no han sido mi problema.

–Sí claro, eso parece.

–Pero no siempre fue así –hace una pausa mirando hacia el techo–. Quiero contarte algo. Verás, cuando mis padres murieron, como no teníamos familia cercana, ingresé en un orfanato al que le siguieron otros. Así hasta que fui mayor de edad. Al salir de allí me metí en todos los problemas que pude. Nada me salía bien. Era un imán para todo tipo de problemas. Estuve tonteando con las drogas, casi caigo en el alcoholismo, e incluso viví en la calle por un tiempo. Era un desastre de persona. Pero un día, cuando tenía más o menos tu edad me pasó algo muy extraño.

–¡Una causalidad! –interrumpo.

–Pues sí. O por lo menos una de ellas. Escucha con mucha atención y rápidamente lo vas entender.

–Aquel día me desperté en un banquito de un parque. Entre la resaca de la borrachera de la noche anterior, y que me habían robado el poco dinero que me quedaba en el bolsillo, entré en un estado de absoluta depresión. Todo me parecía oscuro. Mi vida no tenía sentido alguno. Así que tomé la "brillante" decisión de poner fin a mi vida.

–¿Suicidarte? –pregunto un poco sorprendido por su sinceridad.

–Sí, exactamente, suicidarme. Estaba totalmente seguro de mi decisión. No había motivo para seguir luchando. La vida se había convertido en mi enemiga. Me sentía fatigado. Así que me fui a un acantilado, al que solía ir a contemplar la belleza del océano, para poner fin a todos mis problemas. Pensé que los casi cien metros de altura serían suficientes para no fallar en el intento. Me puse en el borde e hice una oración de despedida. Pero en el fondo de mi ser todavía había una pequeña parte que quería seguir viviendo. Así que antes de lanzarme al vacío le pedí al Infinito que me diese una señal clara si no era el momento de morir.

Me parece increíble que este hombre tan seguro de sí mismo haya vivido una situación tan extrema y desesperada. Me dan ganas de preguntarle a qué se refiere con eso del Infinito. Pero no digo nada. No quiero interrumpirle. Tras una pausa para beber un poco de té, continua con el relato.

—No pasó nada durante lo que debieron ser unos cinco minutos, así que acepté que era el momento. Y justo al cerrar los ojos para saltar... ¡Boom! Escuché un estruendoso ruido seguido de muchos más. Al girar mi cabeza vi un auto dando vueltas y vueltas de campana en dirección a donde yo estaba. No podía ni moverme. Por un momento creí que ya no sería necesario el suicidio, pues iba a ser arrollado por aquella mole que avanzaba hacia mí. Pero, por sorprendente que parezca, dio su última vuelta de campana y paró a unos tres o cuatro metros de mí. Yo estaba totalmente paralizado. Mis músculos no respondían. Hasta que oí lo que me pareció un grito de auxilio. Entonces, mi cuerpo recuperó la movilidad de golpe y salí en auxilio de aquella voz. El auto había quedado de lado, así que la puerta del conductor estaba justo arriba, donde debería estar el techo. Entonces sucedió que, al tratar de subir a la parte de arriba del auto, éste comenzó a incendiarse.

—¡Caramba! En nuestro caso tú estabas inconsciente, pero esta historia empieza a parecerse cada vez más a lo que nos sucedió a nosotros —anoto mientras espero atento la continuación de la historia—. ¿Y qué pasó entonces?

—Pues que el fuego, junto al fuerte olor a gasolina, no hacía presagiar nada bueno. Tenía que sacar a aquel señor de allí urgentemente o moriríamos los dos. Para mi propio asombro quería salvar la vida que hacía unos minutos iba a lanzar por un acantilado. La verdad es que no recuerdo cómo lo hice ni de dónde saqué las fuerzas, pero me las arreglé para sacar a aquel hombre del auto y alejarle de lo que, en pocos minutos, se convirtió en una enorme bola de fuego.

En ese momento se levanta y me acerca un marco con una foto suya, mucho más joven, junto a un señor más mayor. Ambos posan cogidos por los hombros en clara señal de cariño.

—Sí, soy yo más joven. No me mires así, ya sé que los años no perdonan —me dice sonriente—. Pero quiero que te fijes en ese señor que está conmigo. Es Don José, el señor que conducía aquel vehículo.

—Entonces, ¿finalmente le salvaste la vida? —pregunto interesado.

—Sí. Y no solo eso. Ese hombre se convirtió en la persona más importante de mi vida. En mi mejor amigo y, lo que es aun más importante, en mi mentor.

—¿Tu mentor? ¿De qué?

—Verás Jorge, ese señor era conocido en Estados Unidos como "El Gran Networker" por el éxito rotundo que había obtenido en la industria del Network Marketing que yo, por aquel entonces, desconocía absolutamente.

—¿Network Marketing? ¿Te refieres al Multinivel? —pregunto a la par que voy atando cabos.

—Sí, me refiero a los negocios multinivel. ¿Ves todas esas menciones y reconocimientos que hay en la pared? Muchas son de mi empresa multinivel, como tú la llamas. Las conseguí siguiendo los pasos y las directrices que Don José me enseñó. Él me demostró que el éxito es una consecuencia de comprender, y sobre todo hacer, las cosas de una cierta manera.

—Entonces… el multinivel… la señal… tu mentor… —murmuro entre dientes tratando de poner orden a todo esto.

—Efectivamente. Te estoy ofreciendo la posibilidad de enseñarte las claves que Don José primero, y la experiencia de los años después, me enseñaron. Me ofrezco a ser tu mentor.

—No sé que decir —este Joe me ha dejado perplejo.

—Tranquilo. Piénsalo. No tienes que contestarme ahora. Pero lo que sí que quiero es advertirte de lo mismo que lo hizo Don José cuando me propuso ser mi mentor —me dice mirando la foto—. Él me dijo "si aceptas, debes estar dispuesto a lidiar con partes de ti mismo que no te va a gustar nada conocer. Te diré cosas que no te va a gustar escuchar. Te haré hacer cosas que no te van a apetecer nada hacer. Si aceptas debes estar dispuesto a pagar el precio, y no hablo de dinero".

–Pues menos mal porque estoy en bancarrota.

–¿Cómo crees que estaba mi cuenta bancaria el día que conocí a Don José? Te aseguro que peor que la tuya a día de hoy.

–Entonces, si no hablas de dinero, ¿a qué precio te refieres?

–Habrá tiempo para explicaciones pero como aperitivo te diré que cuando quieres hacer algo con excelencia, debes dejar de hacer algunas cosas que te hacen sentir cómodo y empezar a hacer algunas que te harán sentir incómodo. Y no todo el mundo está dispuesto a ello.

No sé qué decir y me quedo pensando. La verdad es que aunque el precio al que se refiere Joe sea alto, no creo que sea peor que la sensación de fracaso que rodea mi vida. Quizás ésta es la ayuda que tantas veces he ansiado. No puedo perder esta oportunidad.

–¡Acepto! –le digo un poco impulsivamente.

–¡No tan rápido, amigo mío! Me gustaría seguir hablando contigo de algunas cosas antes de que me des una respuesta definitiva. Si después todavía quieres que sigamos adelante tendrás que firmar un documento. ¿Puedes volver a venir mañana tú solo?

–Sí, claro pero…

–¡Perfecto!

–Pero Joe, eso de firmar un documento no lo veo claro. ¿De qué se trata?

–Mañana lo sabrás. Un poco de paciencia. Por hoy es suficiente. Ahora bajemos con las mujeres o se enojarán con nosotros ¡Ja, ja, ja…!

Bajamos, y ambos, como en una coreografía, besamos a nuestras respectivas mujeres. Pasamos lo que queda de tarde hablando de diferentes cosas pero en ningún momento más hablamos sobre multinivel. Mary y Joe son dos personas versadas en el arte de la conversación, cultas y con opiniones de lo más interesantes. Mary y Sara también han conectado muy bien y me alegra verla tan contenta. Yo, personalmente, no puedo dejar de pensar en lo que acabo de hablar con Joe en su despacho.

Finalmente salimos todos al porche para despedirnos. Les agradecemos efusivamente su hospitalidad y les devolvemos la invitación para que nos visiten a nuestra casa cuando deseen.

—Mañana tú y yo tenemos trabajo que hacer. ¿Te parece bien que Tom te recoja a las diez? —me recuerda Joe al darnos la mano.

Sara, al no saber nada de nuestra conversación, nos mira con una mezcla de extrañeza y cabreo por haber hecho planes sin contar con ella.

—Luego te explico cariño —le digo con un tono conciliador que no consigue que cambie su expresión.

—Tranquila Sara, permíteme que te robe a Jorge unas horas. Tenemos algunas cosas de las que hablar. Te lo devolveré para la hora de comer, lo prometo —le aclara Joe a Sara consiguiendo, ahora sí, que su expresión se relaje un poco.

—Gracias de nuevo por el banquete. Ha sido un verdadero placer.

—Gracias a vosotros. Hasta mañana. ¡Ah, se me olvidaba! Por favor, ven con ropa cómoda —apunta Joe.

—Ok. ¿Es que nos vamos de excursión?

—¡Ja, ja, ja…! Más o menos Jorge, algo parecido —me responde con cara de pillo.

Tras un último saludo con la mano a través del cristal del coche, dejamos atrás la finca y nos dirigimos a casa mientras yo sigo rumiando en mi cabeza la conversación con Joe.

El Gran Salto

Son las diez en punto y acaba de sonar el timbre. ¿Cómo es posible que Tom sea tan exactamente puntual? Me apresuro para darle el último trago al café.

—Cariño me voy —me despido de Sara.

—Adiós, ten cuidado con la excursión a ver si te vas a lesionar —me advierte con tono maternal debido a mi indumentaria deportiva.

—Tranquila cariño. Iré con cuidado —abro la puerta—. Buenos días Tom, ¿quieres un café?

—Buenos días señor. No gracias, muy amable. Si no le importa le esperaré en el coche mientras termina.

—No me tendrás que esperar porque ya estoy listo, ¡vamos Tom!

Me subo de nuevo al impecable 4x4 del día anterior aunque esta vez me sitúo en el asiento delantero junto a Tom. Arrancamos y tomamos la misma carretera de ayer, lo que me hace pensar que nos dirigimos de nuevo a la casa de campo de ayer. Entre la conversación con Tom y los pensamientos que cruzan por mi cabeza sobre todo este encuentro con Joe, el camino no se puede hacer más corto.

—¡Buenos días Jorge! —oigo al llegar y salir del coche. Es la característica voz de Joe.

—¡Buenos días Joe!

—¡Ven, pasa! —me dice cogiéndome por el hombro—. Vamos a mi despacho un momento. Tenemos algo muy importante que hacer.

Subimos al despacho y nos sentamos en nuestros respectivos sitios a ambos lados del maravilloso escritorio de madera. Observo un documento en la parte del escritorio más cercana a mí. No quiero parecer cotilla, así que hago como que no lo he visto.

—Ese documento que estabas mirando es de lo que te hablé ayer.

—¿El contrato? —le respondo haciéndome el loco.

—Bueno, no es un contrato. Más bien es un "Compromiso".

—¿Un compromiso...? ¿Entre tú y yo?

—No exactamente.

—¿No? ¿Entonces...?

—Léelo y saldrás de dudas tú mismo.

Alargo mi mano hasta coger el documento. No es cualquier papel de oficina. Tiene un grosor y un color que denota su calidad. Me lo acerco mientras me pongo las gafas y comienzo a leerlo...

YO, ME COMPROMETO
CONMIGO MISMO:

1.- *A cumplir mi Palabra cuando la dé.*

2.- *A Agradecer tanto lo que tengo (que es mucho), como lo que no tengo.*

3.- *A ser despiadadamente Sincero conmigo mismo.*

4.- *A tener Confianza plena en mis facultades y en las de los demás.*

5.- *A utilizar las Palabras con Prudencia y Sabiduría.*

6.- *A hacer todo lo que esté en mi mano para tener una Vida con mayúsculas.*

7.- *A tener siempre Paciencia conmigo mismo y con los demás.*

8.- *A perdonarme, y perdonar a los demás.*

9.- *A hacer lo máximo que pueda en cada momento y cada compromiso.*

10.- *A no pedirle ni dinero ni nada a Joe, aunque sí a aceptar cualquier regalo que él considere necesario.*

Yo, Jorge Guzmán, firmo y doy mi Palabra.
(Recuerda el primer compromiso).

Acabo de leerlo un par de veces y no sé qué decir. Miro a Joe a los ojos y me lanzo a preguntarle.

—Entonces, el compromiso es… ¿conmigo mismo?

—Yo más bien diría que es un compromiso entre tu yo actual y la mejor versión de ti mismo que puedes llegar a ser. Que, aunque no lo puedas creer ahora, ya estás en camino de ser. Créeme.

—¿La mejor versión de mí mismo que puedo llegar a ser? —pregunto delatando mi sorpresa.

—Sí, tu oído está sano ¡Ja, ja, ja…! —responde con otra carcajada un poco socarrona que ya no sé si me gusta tanto—. Verás Jorge, de alguna manera todos somos artistas y nuestra vida es nuestra gran obra de arte. De cada uno de nosotros depende la calidad de la obra. Todos somos escultura y escultor al mismo tiempo.

Me quedo reflexionando en silencio. Mis miedos salen a florecer en mi cabeza. Ya me ha pasado de todo y no quiero que me vuelvan a manipular ni engañar.

—No sé. Cuando me comprometo con algo me gusta cumplir y ahí hay varios compromisos con los que no sé si voy a ser capaz de estar a la altura.

—¿Estás contento con tu obra de arte, con tu vida? —continua—. ¿Crees que has dado ya lo mejor de ti? O mejor aún, ¿estás dando ahora lo mejor de ti?

—No, claro que no —respondo un poco mosqueado—. Yo sé que tengo mucho más para dar pero es que…

—Es que, es que, es que… —me interrumpe bruscamente—. Es que no te quieres comprometer contigo mismo y con tu vida. ¿O me equivoco? Si me equivoco no tendrás problema en firmar el documento. Así podremos continuar.

—Es que tengo miedo de no poder cumplir con todos esos compromisos.

—Así que te da miedo comprometerte contigo mismo. El incomprendido miedo. Qué mala fama tiene el pobre miedo. Pero luego seguiremos hablando del miedo. ¡Ahora vámonos! Te voy a llevar a un sitio que te va a gustar.

—El sitio para el que tenía que venir con ropa cómoda.

—Exacto. ¡Ja, ja, ja…!

—Pero entonces... ¿ya no hace falta que firme?

—¿Tú que crees? —me responde mientras sale por la puerta como si no le hubiese dicho nada—. ¡Venga, vámonos! Tom nos espera en el auto.

Bajamos y nos montamos en el 4x4. Esta vez tomamos un camino distinto. La finca es enorme. Cada paraje que aparece ante mí es más espectacular. Incluso veo un pequeño lago en donde un señor está pescando.

—La finca es preciosa Joe. ¡Y el lago es alucinante!

—Sí, lo es. Era uno de los sueños de Mary y mío. Y ahí está, ante tus ojos. Nuestro sueño de vivir en un pequeño paraíso se hizo realidad. Ya te la enseñaré mejor. Pero retomando la conversación de antes, permíteme una pregunta. ¿Cuántas veces te has asustado y has huido porque alguna situación o reto te ha dado miedo?

—Seguramente más de las que querría —asumo un poco autocompasivo.

—No te vengas abajo. Le pasa a la mayoría de la gente. El problema es que se confunde el miedo con el "asustarse". Pero son cosas muy distintas. Tener miedo de vez en cuando es una buena señal. Es señal de que estás creciendo amigo mío. Pero si te asustas y sales corriendo, entonces te pierdes el premio.

—¿Y cuál es el premio?

—Tu Vida con mayúsculas. Una vida plena, una vida valiente, una vida vivida y no una vida sobrevivida —se queda meditando unos momentos—. ¿Tú no crees que el polluelo de águila tiene miedo en el momento del salto al vacío en su primer vuelo?

—Imagino que sí.

—Aunque es un águila tiene miedo a lo, hasta entonces, desconocido. Como tú —no me está gustando nada que Joe opine sobre mi vida sin apenas conocerme aunque de momento está acertando—. Por cierto, ¿te gusta volar?

—Sí, bueno... —miento porque volar siempre me ha dado mucho miedo a causa de mi vértigo—. Lo que no puedo es mirar mucho por la ventanilla. Tengo vértigo —añado en un intento de ser un poco más sincero.

—¿Vértigo? Perfecto.

—¿Perfecto? ¿Por qué es perfecto? —ya estamos con los misterios.

—Por nada. Cosas mías —se escabulle de contestarme para continuar después de una breve pausa—. ¿Sabes? La gente está llena de miedos y no lo saben. Como tú. Con la experiencia me he dado cuenta de que hay dos tipos de miedos. Hay un primer tipo de miedo, tan necesario como natural, que nos hace ponernos alerta ante una situación de peligro. Ese miedo es maravilloso porque nos puede salvar la vida. Pero la mayoría de ellos son otra cosa. Son miedos infundados, miedos aprendidos. Nos los han contagiado. Igual que un virus. Y lo peor es que, normalmente, nos los contagian las personas que más amamos, nuestra familia y nuestros profesores. Además de la sociedad y la televisión, claro. Te creíste lo que te dijeron, como todos. Pero ellos ya llevaban mucho tiempo contagiados.

—¿Un virus? ¿Mi familia? Me dieron una buena educación en casa y se esforzaron para que pudiese obtener un título universitario. Soy licenciado en Ciencias Económicas gracias a ellos —apelo firmemente en un intento de llevarle la contraria.

—Eso les honra y es maravilloso. Pero no estoy hablando de títulos sino de confianza. ¿Creían en ti? ¿Te apoyaban incondicionalmente en tus proyectos personales aunque no fuesen los que ellos querían para ti? —me dice mirándome fijamente.

—La verdad es que, aunque no me guste reconocerlo, nunca han creído mucho en mí. Siendo sincero, siempre he echado de menos eso en mis padres y también en mis amigos.

—Sin darse cuenta, y pese a sus buenas intenciones, anestesiaron tus potencialidades y, de paso, tus sueños. ¿Cómo? Llenándote de prejuicios y de miedos.

—Lo hicieron lo mejor que pudieron.

—Eso lo tengo claro. La falta de confianza de tu familia y tus amigos en ti proviene de sus propios miedos que heredaron de su familia y sociedad. No se lo tengas en cuenta. Como bien dices, ellos lo hicieron lo mejor que pudieron. Simplemente, ellos creyeron a los suyos y luego tú les creíste a ellos. La mayoría de tus miedos infundados son parte de ese proceso que se repite generación tras generación. Son como virus mentales. El problema es que esos miedos, que nos limitan gravemente, nos pueden volver cobardes y conformistas. Hacen que tengamos una imagen de nosotros mismos muy limitada. Y eso provoca nuestra falta de confianza en nosotros mismos. Te repito, ¿cuántas veces has dejado algún proyecto por miedo? O mejor dicho, ¿por asustarte ante algún miedo?

Se crea un silencio en el coche. La verdad es que tiene toda la razón del mundo. Vienen a mi mente recuerdos de todos aquellos proyectos que dejé a medias por mil y un motivos distintos.

—Más de las que me gustaría Joe —comienzo a sentirme un poco mal. Parece que Joe, en vez de ayudarme, me quiere machacar.

—No quiero que te sientas mal. Sé que las verdades suelen doler al mirarlas cara a cara. Pero no tenemos mucho tiempo y tenemos que ir al grano. ¿Sabes una cosa? Hay uno de estos virus que hace mucho daño a nuestro negocio, el miedo a lo que no se entiende. Por eso estos días que vamos a compartir juntos todo lo que yo haré será tratar de hacerte entender varios temas importantes. Eso es lo más importante, que lo entiendas.

—¿Qué tengo que entender?

—A ti mismo, por ejemplo. ¡Ja, ja, ja...! —ya estamos con la risita—. ¿Por qué trabajas de contable? Porque te encanta tu trabajo ¿verdad?

—Pues no, claro que no me encanta mi trabajo. Es un aburrimiento. Y lo peor es aguantar las presiones de mi jefe todo el día. ¿Pero qué quieres que haga? Por lo menos es un trabajo seguro —este Joe me está empezando a cabrear.

—¿Seguro? ¡Ja, ja, ja...! Hijo mío, en la vida no hay nada seguro. La seguridad es otra de las ficciones que te han vendido para tenerte anestesiado. Vivir es un riesgo que vale la pena correr. Las personas que buscan siempre esa seguridad de la que me hablas acaban siendo zombis. El salario fijo muchas veces atrofia el espíritu, amigo mío. Una vida sobrevivida no es una verdadera vida. Solo tenemos una oportunidad para vivir y hay que aprovecharla.

—Ya, pero como dice mi madre, "más vale malo conocido, que bueno por conocer" —le rebato en un intento de tener alguna razón.

—¡Ja, ja, ja...! Ese refrán habla del peor y más común de los miedos, el miedo a lo desconocido. Fíjate en lo que te decía; hasta la sabiduría popular se encarga de meternos el miedo en el cuerpo. Ese refrán te está diciendo que no arriesgues. En cambio yo te digo que no arriesgarte en la vida es el mayor de los riesgos. La verdadera cuestión está muy clara. ¿Vas a dejar que esos miedos sigan asustándote toda tu vida o ya te has cansado de huir de ti mismo?

—Ya, pero entonces… Si ya los hemos aprendido, ¿cómo podemos librarnos de ellos? Alguna forma debe de haber ¿no?

—Sí, la hay. Con coraje, con mucho coraje. Ahora la pregunta es, ¿tienes tú el coraje suficiente para empezar a luchar contra ellos?

—¡Por supuesto! —respondo muy convencido de mis posibilidades.

—Perfecto, porque en unos minutos vas a tener la oportunidad de demostrarlo —me dice a la vez que entramos en un recinto que se va pareciendo cada vez más a un aeródromo.

—¿Vamos a volar ahora? —ya voy entendiendo por qué antes me ha preguntado si me gusta volar.

—Sí, quiero que veas algo desde el aire —me responde mientras sale del coche.

—¿Ver algo algo desde el aire? —mis piernas comienzan a temblar. Las pocas veces que he subido en avión no he podido ni siquiera mirar por las ventanillas debido a mi vértigo—. Ya, pero… ¿y mi vértigo? —le digo cual niño atemorizado.

—¿Ya vas a asustarte otra vez? El vértigo es otro de tus miedos. Muy parecido al que te agarrotó la mano para no firmar el Compromiso. Tenemos que empezar a enfrentar esos miedos que tanto te asustan. ¡Venga vamos o nos quedaremos en tierra!

Mis piernas ya no son las únicas que tiemblan. Ahora empieza a temblar todo mi cuerpo. De lo único que tengo ganas ahora mismo es de salir corriendo de aquí, pero no puedo. Por mucho que me cueste, tengo que subir a esa avioneta. ¡Con no mirar hacia abajo, no habrá problema, ya lo he hecho antes! Trato de relajarme a mí mismo ante el inminente despegue. Entre temblor y temblor, subimos a la avioneta… ¡Y despegamos!

Parece que el piloto sabe lo que se hace. El despegue ha sido muy suave. Me sitúo en un sillón detrás del piloto y me concentro en no mirar a las ventanillas. Cualquier cosa me sirve, el suelo, el techo o el sillón en el que estoy sentado; todo menos mirar hacia las ventanillas.

–Jorge, ven a la parte de atrás –me sugiere a los pocos minutos del despegue Joe.

Me desabrocho el cinturón y me dirijo hacia la parte de atrás siguiendo las indicaciones de Joe. Junto a él hay varias personas más que, con los nervios, ni había visto. Nos saludamos pero ya estoy mareado, lo que no me permite estar demasiado simpático.

–Ven, colócate junto mí Jorge –me sitúo al lado de Joe, que empieza a tocarme el cuerpo. Parece que me está colocando algún tipo de chaleco salvavidas.

–¿Que haces Joe? ¿Qué es esto que me estás poniendo?

–Tranquilo. Es para saltar.

–¿Perdón? Entre el mareo y el ruido creo que no te he entendido bien.

–¿Y qué has entendido?

–¡Que es para saltar! ¡Que tontería! Debe ser el mareo.

–Entonces sí que me has entendido bien. Nos vamos a tirar juntos en tándem. Tranquilo, llevo más de mil saltos a mis espaldas.

–¿Qué? ¿Cómo? ¿Tranquilo? ¿Mil saltos? ¡No, no, no…! De eso nada. Una cosa es volar y otra tirarme de una avión. ¡No, no, no…! –del susto hasta se me ha pasado el mareo. Esto no puede estar pasando.

–¿Dónde está tu coraje Jorge?

–Ya, pero esto es demasiado. ¡Me quieres matar de un infarto!

–Te aseguro que si vences este miedo, los demás miedos te van a parecer mucho más fáciles de superar. Reconozco que es un poco radical pero, como te dije antes, por desgracia no dispongo de mucho tiempo para dedicarte. Así que tenemos que saltarnos algunas lecciones. Demuéstrate tu coraje y ya no te dará miedo firmar el Compromiso. Así podremos seguir con tu formación. Te repito que no tenemos mucho tiempo.

–Pero… ¿Por qué tanta prisa? ¿Por qué no tenemos tiempo?

–Dentro de poco tengo que hacer un viaje que me llevará mucho tiempo y tú necesitas arrancar tu vida y tu negocio lo antes posible. No podemos esperar. Plantéatelo como una terapia de choque.

–¡No puedooooo! ¡No voy a saltar…! –grito al ver cómo se abre el portón y atisbo la inmensidad del horizonte justo antes de cerrar los ojos. No quiero ni mirar. No puedo creer que me esté pasando esto.

–¿Te acuerdas del polluelo de águila que está lleno de miedo ante su primer vuelo del que te hablé antes? –pese a su potente timbre de voz, con tanto aire y ruido tengo que esforzarme para entender sus palabras.

–¡Síííí…! –grito con los ojos cerrados mientras Joe me coloca lo que deben ser unas gafas.

–¿Sabes lo que hace la mamá águila ante el miedo de su polluelo?

–¡Noooo..! –vuelvo a gritar despavorido.

–¡Le empuja al vacío…! –grita Joe justo antes de sentir un empujón en mi espalda que, pese a mis esfuerzos por neutralizarlo, nos hace salir despedidos del avión.

A continuación, y después de sentir unos cuantos tirones del arnés por aquí y por allá, siento una extraña sensación. Un profundo silencio se apodera de mí a la vez que me siento muy ligero. La boca se me abre sola y no puedo respirar bien.

–Cierra un poco la boca –oigo la voz de Joe–. Y sobre todo, ¡abre los ojos! ¡Ja, ja, ja…! ¡Coraje, recuerda tu coraje! ¡Tú puedes! ¡Confía en mí! ¡Confía en ti, amigo mío! –me dice con lo que debe ser un grito con un extraño sonido.

Trato de abrir los ojos tras las aerodinámicas gafas que, casi sin darme cuenta, me había colocado Joe. Poco a poco voy abriéndolos. Veo unos cuadraditos de diferentes colores. Deduzco que deben ser campos de cultivo. Acabo de abrirlos y, tras un gran susto inicial, me percato de que no siento el esperado y temido vértigo. Muy al contrario, entro en un estado un tanto meditativo mientras admiro el paisaje. La sensación de ingravidez mezclada con la perspectiva de la inmensidad del horizonte se convierten, para mi asombro, en algo muy placentero. Esta sensación es increíble. Pero entonces me asalta una pregunta, ¿dónde está mi vértigo?

Nos mantenemos en un silencio casi místico hasta que, tras un brusco tirón, se abre el paracaídas y la velocidad se reduce considerablemente. Ahora la sensación es la de estar colgando del cielo, cual marioneta.

—¿Qué te ha parecido la caída libre? —me pregunta Joe.

—¡Alucinante! La sensación más impresionante que he experimentado en mi vida.

—Estoy orgulloso de ti. Y tú también deberías estarlo. Has sacado el coraje de donde ni tú sabías que lo tenías. Pero ya platicaremos en tierra firme. Ahora disfrutemos de las vistas en silencio.

La caída con el paracaídas abierto también es una gozada. Distinta, más tranquila, pero de igual belleza. Veo como el suelo se acerca hacia nosotros cada vez más rápido. Distingo a Tom junto al 4x4 extendiendo los brazos, imagino que saludando. Tampoco me hubiera imaginado nunca esta ausencia total de vértigo en una situación como ésta. Entonces Joe, con una maniobra de aterrizaje magistral, hace que todo parezca un juego de niños. Tras un pequeño revolcón final, grito con fuerza por lo que debe ser algo parecido a la euforia. Creo que no sentía algo así desde que era un niño.

—¿Dónde está tu vértigo Jorge? —me pregunta Joe con cara de complicidad.

—¿Mi vértigo? Pues no lo sé. Se debió quedar en el avión. ¡Ja, ja, ja…!

—¡Ja, ja, ja…! —reímos, esta vez sí, todos juntos.

—Gracias Joe —le miro directamente con mis ojos vidriosos de la emoción—. Ha sido una de las experiencias más alucinantes de mi vida.

—De nada. Pero tenemos trabajo. Aprovechemos esa emoción tan bonita e intensa en la que te encuentras en este momento para comprometerte definitivamente contigo y con tu vida.

—¿El Compromiso?

—¡Exacto! Este momento tan intenso es especialmente bueno para hacerlo; así nunca lo olvidarás. ¿O es que todavía tienes miedo de firmarlo? —sonríe pícaramente.

—No. Ahora mismo creo que nada me da miedo —me levanto de un salto lleno de confianza—. ¿Tienes ahí el documento?

Alarga la mano y Tom le entrega una carpeta. La abre y aparece el papel en cuestión. Saca una pluma preciosa y me la entrega junto con la carpeta. Sin pensarlo dos veces, y lleno de entusiasmo, firmo el documento. Al hacer el ademán de devolverle la pluma, Joe hace un gesto de negación con las manos.

–No. La pluma es para ti. Es un recuerdo de este momento tan importante de tu vida. Quiero que la guardes como oro en paño. Te será muy útil en los momentos difíciles cuando algún miedo quiera que salgas corriendo.

–Pero no puedo aceptarla. Debe ser carísima.

–¿Tan pronto vas a romper el décimo compromiso? ¡Ja, ja, ja…! –los tres reímos juntos mientras le doy un abrazo a Joe.

–Gracias de nuevo Joe. Ha sido una lección inolvidable.

–Gracias a ti por confiar en mí. Sé que no era fácil. Has enfrentado tu miedo. Has necesitado un poco de ayuda, como el águila. Es normal. Llegará pronto el día que los enfrentes tú solo, sin ayuda de ningún tipo. Hasta te gustará, ya lo verás. Los miedos hacen que nos perdamos cosas maravillosas cada día. Desde tirarte en paracaídas hasta decirle a los miembros de tu familia que les amas. Las personas estáis llenas de miedos infundados, aprendidos. Y toda esa basura hace que os perdáis gran parte de la vida. Los miedos infundados son el mayor enemigo de la vida. Ese tipo de miedos oxidan las almas. Te convierten en un zombi que lucha por sobrevivir. La buena noticia es que puedes eliminarlos si entiendes lo que son y por qué están ahí. Lo que nunca hay que hacer cuando aparezcan, recuérdalo, es asustarse. Ahora, vámonos. Tengo que devolverte a tu casa a la hora de comer. Se lo prometí a Sara y las promesas están para cumplirlas.

Nos subimos al coche y enfilamos el camino de vuelta.

–Bueno, ya he firmado. Ahora ya podemos comenzar ¿no?

–En realidad, ya podemos continuar. Empezar, empezamos la noche que aterricé sobre ti y me salvaste la vida.

–Bueno, pues continuar.

–¿Quieres saber cuál va a ser tu primera tarea? –me pregunta al comenzar el trayecto de vuelta tras acabar de guardar el paracaídas en el maletero.

–Claro.

–Tu primera tarea va a ser una de las más complicadas. Tenemos que tratar muchos temas y quiero que vengas a mi casa mañana sábado pronto y te quedes hasta el domingo por la noche.

—Ya, pero… Es que los domingos suelo ir a comer a casa de los padres de Sara. No le va a gustar nada. Para ella esas cosas son sagradas.

—Por eso te he dicho que es una de las más complicadas. ¡Ja, ja, ja! Te diré algo, hijo. En la vida tenemos que poner prioridades. Dependiendo de tus prioridades, así será tu vida. Normalmente para hacer cosas importantes debemos renunciar a otras que lo son menos. Es ley de vida. Habla con Sara. Si se enfada no importa, pronto lo entenderá. Confía en mí.

—Bueno, de acuerdo. Me va a matar pero ya veré cómo se lo digo.

—Perfecto. Entonces Tom pasará a por ti a las nueve en punto. ¿Ok?

—De acuerdo. A las nueve en punto te estaré esperando Tom —sin quitar los ojos de la carretera, Tom levanta el dedo pulgar en señal de estar de acuerdo.

Mientras voy pensando cómo voy a decírselo a Sara, llegamos a mi casa. Al despedirnos, le muestro a Joe la magnífica pluma que me ha regalado y vuelvo a darle las gracias.

—Apréndete esta noche los compromisos de memoria. ¡Ah! Y acuérdate de traer libreta y bolígrafo. Quiero que tomes apuntes de todo. Como Don José siempre decía, "Más vale lápiz corto que memoria larga".

—De acuerdo Joe. Hasta mañana entonces.

—Hasta mañana y felicidades de nuevo por tu coraje Jorge —Joe me guiña un ojo y cierra de un portazo el 4x4 que se aleja rápidamente.

Todavía no salgo de mi asombro de todo lo que me está pasando. Miro la carpeta en donde veo en la parte delantera, a modo de título, unas grandes letras que había pasado por alto. Muy típico de Joe:

"Compromisos conmigo mismo para gozar de una Vida con mayúsculas".

Aprender a Aprender

Al día siguiente, y tras la considerable bronca con Sara, escucho de nuevo el timbre de la puerta. Miro el reloj. Las nueve en punto. Abro, y ahí está de nuevo frente a mí, con una sonrisa casi eterna.

—¡Buenos días señor Guzmán! Espero que haya tenido un buen descanso.

—Buenos días Tom. Gracias.

—Termine sin prisas. Le espero en el coche.

Me dirijo a la cocina para despedirme de Sara. Trato de darle un beso en la mejilla, pero ella aparta levemente la cara en clara señal de enfado por haber hecho planes para el fin de semana sin contar con ella. Salgo de casa un poco abatido por la situación.

—¿Se encuentra bien señor Guzmán? —se interesa Tom mientras comenzamos el trayecto.

—Sí, Tom. Gracias. Solo es sueño —no me apetece darle explicaciones de mis problemas de pareja.

Con Tom se me hacen los trayectos cortos y amenos. Es una

45

persona sencilla que desprende un halo de paz y serenidad que, junto con su entretenida conversación, le convierten en el compañero de viaje perfecto. Incluso ha conseguido que casi olvide el problema con Sara. Cuando llegamos a la casa veo a Joe sentado en el porche.

—¡Buen día Jorge! Ven, siéntate aquí —me señala una silla frente a él.

—¡Buen día Joe! —tras el correspondiente apretón de manos, me siento mientras observo un tablero de ajedrez sobre la mesa con todas sus piezas preparadas para comenzar una partida.

—¿Sabes jugar al ajedrez Jorge?

—Sí, aunque hace tiempo que no juego —no soy sincero porque, aunque sé cómo se mueve cada pieza, realmente jugar no sé mucho.

—¡Perfecto, juguemos una partida!

—¡Venga! —le respondo a la vez que me acomodo para comenzar la partida. Bueno, quizás Joe tampoco es un maestro del ajedrez. Me aferro a esa esperanza para tratar de darme ánimos.

Tengo las piezas blancas en mi lado del tablero, así que comienzo moviendo un peón casi al azar. Trato de simular que sé lo que hago. Al quinto o sexto movimiento, mueve su reina y escucho algo que me sorprende.

—¡Jaque mate!

—¿Jaque mate? ¿Ya? ¡No puede ser! —miro con atención y, efectivamente, mi rey no tiene salida. Todas las opciones están en el punto de mira de alguna de sus piezas. Se me queda un poco cara de tonto ante mi falta de competitividad.

—¿Sabes una cosa Jorge? El éxito en la vida y en los negocios tiene sus propias reglas y estrategias, como el ajedrez. Lo primero que me enseñó Don José es que el éxito es una ciencia exacta. Hay personas que creen conocer las reglas, y a lo mejor conocen algunas, pero no las ponen en práctica. Y es justamente la práctica la que hace al maestro. Les suele pasar como a ti con la partida. No consiguen llegar muy lejos. La vida y el éxito son como un gran juego e, igual que en el ajedrez, hay que entender sus reglas. Y fíjate que te digo "entender", no simplemente "saber". Ya te comenté que la cuestión no es saber, sino entender. Cuando alguien aprende algo puntualmente, con el tiempo lo acaba olvidando. Pero cuando lo entiende realmente, lo interioriza, y así, jamás lo olvida. Así que en estos días que vamos a estar juntos, lo que voy a intentar es tratar de que entiendas las reglas que te llevarán inevitablemente al éxito en tu negocio multinivel y en tu vida. Si las entiendes de verdad, si las interiorizas, ponerlas en práctica será casi una inevitable consecuencia.

–Sentido común, amigo mío –continua tras una pausa para beber agua–. Todos los temas que vamos a abordar son de puro sentido común. Y ahora ya empezamos de verdad. Así que toma nota. En estos años me he dado cuenta de que los negocios multinivel se componen de dos pasos básicos.

–¿Solo dos pasos?

–Sí. ¿Quieres saber cuál es el "Paso Uno"?

–¡Por favor! –digo mientras saco la libreta y el bolígrafo.

–Al Paso Uno lo llamo "Aprender a Aprender".

–¿Aprender a Aprender?

–Sí. Verás, el Paso Uno trata de volver a aprender las cosas desde un nuevo punto de vista. Tienes que aprender a aprender cómo se comporta tu mente porque si no, seguirá saboteando tus planes. Por supuesto que tendrás que volver a aprender a gestionar tus emociones, como los miedos de los que hablamos ayer. Y también tienes que volver a aprender a relacionarte con las demás personas. Es decir, que tienes que aprender a aprender unas cuantas cosas. Te aviso que no será fácil. Requerirá de gran esfuerzo por tu parte. Pero si entiendes ciertos conceptos, todo se hará más fácil. El esfuerzo valdrá la pena porque el premio es mucho más que tu negocio. El premio es tu vida. El premio eres tú. La prosperidad de tu negocio multinivel será una consecuencia de tu nueva vida.

–No me imaginaba yo que tendría que volver a aprender tantas cosas a estas alturas de la vida –mis palabras desprenden una cierta ironía.

–Ese es el problema, que las personas pensamos que ya lo sabemos todo. Y es increíble que las cosas más importantes muchas veces pasen desapercibidas. Muy a menudo son las más evidentes si las sabes observar desde otro punto de vista. Te pondré un ejemplo. ¿Cuál crees que es el mejor producto de tu negocio multinivel?

47

–Pues, los productos para la salud que tenemos son muy buenos.

–Seguro, no lo dudo. Pero ese no es tu mejor producto.

–¡Ah, vale! Ya sé por dónde vas. Nuestro mejor producto, entonces, es el plan de compensación y la posibilidad de generar un ingreso pasivo.

–Sin duda, ese es más importante que el anterior, pero tampoco es al que me estoy refiriendo.

–¿No? –me quedo meditando unos momentos–. Pues entonces no sé a qué te refieres Joe.

–Memoriza esto y que nunca se te olvide: ¡Tú eres tu mejor y más importante producto!

–¿Yo? Sí, ya, pero bueno…

–Y lo primero que quiero que entiendas –continua– es que la vida es como un espejo, un gran espejo mágico. Mucha gente cree que el secreto del éxito se encuentra en lo que hacen. Y por supuesto que lo que hacen es importante, pero los resultados que obtienen, e incluso las acciones que emprenden, son un reflejo de quién son en su interior, de la persona en la que se han convertido. Es decir, de su actitud ante la vida.

–¿De quién son en su interior? Pero lo que hacemos es importante.

–Por supuesto. Para hacer un buen Paso Uno, hay una serie de tareas que debes hacer de una cierta forma y en un cierto orden de las que hablaremos. Esa es la parte externa, pero si no entiendes cómo funcionan tu mente y tu corazón, no entenderás ni lograrás nada. El cambio comienza dentro de ti. Todos los cambios comienzan en tu interior. Hoy en día, los físicos cuánticos han hecho suyo ese refrán, tan sabio como popular, que dice "el mundo es del color del cristal a través del que lo miras"; y así es. Nuestra percepción del mundo cambia nuestra realidad y, como consecuencia, nuestros resultados en todo lo que hagamos. Esta afirmación se hacía mucho en ámbitos del crecimiento espiritual, pero hoy ya son los científicos los que lo aseguran. Es una ciencia exacta, amigo mío.

–Ya, pero de qué servirá si las personas que contacto no vienen a la presentación del negocio o me dicen que es un engaño.

–Bueno, ellos se lo pierden. Ya entraremos más en profundidad en ese tema. Lo que quiero que entiendas ahora es que el éxito en este negocio depende única y exclusivamente de ti. Esto es crucial que lo recuerdes siempre, amigo mío. Ahora mismo, lo más importante es que comprendas que el primer paso empieza mirando hacia dentro. Olvídate de lo que crees saber o no. Ven, te quiero enseñar algo –nos levantamos y le acompaño a la parte de atrás de la casa. Me señala dos grandes macetas con dos enormes y bellas plantas.

–¿Ves esas plantas?

–Sí, claro. Son preciosas.

–Pues no siempre fueron tan esplendorosas. Verás, cuando la florista las trajo ya estaban llenas de tierra. Más tarde, Mary plantó unas bellos ejemplares que, a pesar de darles los mejores cuidados, lamentablemente murieron. Las sacamos y volvimos a plantar otras. También murieron. No lo entendíamos. Volvimos a plantar otras de otro tipo por tercera vez. ¿Sabes lo que pasó?

–¿Que murieron? –respondo en voz baja temiendo equivocar la respuesta.

–¡Exacto! Entonces, Mary tuvo una idea, tan genial como sencilla, que nos dio la respuesta al problema. Ella sugirió cambiar la tierra. Tras el cambio de tierra las plantas comenzaron a crecer y crecer, y ahí las tienes, preciosas hasta hoy.

–Entonces, ¿el problema era la tierra? –ahora la curiosidad es mía.

–¡Exacto! La tierra estaba infectada por algún virus. En esa tierra nunca hubiera podido crecer nada que valiese la pena. ¡El problema nunca fueron las plantas! Lo mismo le pasa a la mayoría de personas a la hora de hacer un negocio multinivel, o cualquier otro proyecto. Su mente está infectada por diferentes virus y lo peor es que, como ya te dije, ni lo saben. Se empeñan, como hacía yo con las plantas, en cambiar de proyecto pensando que el nuevo será más adecuado para ellos. Pero los nuevos proyectos tampoco acaban de prosperar, como le pasaba a estas plantas. Hasta que no te des cuenta de que tienes que renovar "tu tierra", da igual lo que hagas.

–Ya, pero ¿a qué tipo de virus te refieres exactamente?

–Ayer comenzamos a hablar de uno de ellos, el virus de los miedos aprendidos e infundados. Otros virus son el de la falta de confianza en uno mismo, el virus del "qué dirán", el virus de la autocompasión, el virus del conformismo, el virus del victimismo, el virus del desagradecimiento, el virus de la ambición desmedida o el virus de la envidia. Hay muchos más, y cada uno tenemos, en mayor o menor medida, nuestra propia colección dependiendo de dónde te haya tocado nacer. Cada uno hemos tenido unas experiencias y una domesticación distintas que han generado virus distintos. Y lo malo del caso es que se retroactivan entre ellos.

–Sí, ayer me empezaste a hablar de este contagio vírico, pero no entiendo por qué los comparas con virus. Un virus lo puedes curar con distintos tratamientos pero lo que tú me dices no.

–Antes de que tú tengas disponible ese tratamiento, alguien ha tenido que aislar, estudiar y entender el virus en cuestión. Igual que estos de los que te hablo ¡Vamos, caminemos mientras platicamos!

Comenzamos a caminar por un sendero de una belleza y delicadeza difícil de explicar con palabras. A ambos lados del camino de tierra se entrelazan arbustos y flores de distinta índole, creando una armonía cromática digna del mejor de los jardines palaciegos.

–Te lo explicaré de otra forma. Nuestra cerebro es muy parecido a una computadora y tenemos que entenderlo como tal. Ya te he dicho que la física cuántica está llegando a esta conclusión. Cuando somos niños, nuestros padres tratan, con toda su buena fe, de educarnos. Pero por desgracia, lo máximo que consiguen así, es reprogramarnos con los mismos programas que les pasaron a ellos. Y es en esos "softwares mentales" donde residen parte de los virus.

–¿Parte? ¿Y dónde están los demás?

–En el corazón, y además son los más peligrosos. Y vienen como consecuencia de los primeros. Son los "virus emocionales". Las personas más cercanas, padres y demás familia o profesores, sufren sus propias contradicciones, sus propios virus, en sus mundos internos. Y esos virus, les llevan a hacer y decir cosas que crean en los niños, que son extremadamente sensibles, bloqueos emocionales para el resto de sus vidas. Esos bloqueos les crean multitud de miedos que desembocan en falta de confianza y autoestima. Y así, los convierten en sombras de lo que podrían haber sido, en almas oxidadas.

—Pero mis padres lo hicieron lo mejor que pudieron.

—Ya te dije que estoy de acuerdo con esa afirmación. Pero tus padres no sabían que no sabían. Ellos pensaban que sí que sabían, como todos los padres. Todo el mundo hace cursos y talleres para aprender millones de cosas pero, ¿quién hace un curso para aprender a educar a sus hijos? La realidad es que hoy en día muy poca gente, pero en aquellos años de tu niñez, seguramente nadie. Estoy cansado de ver a padres gritando a sus pequeños pensando que hablan su mismo idioma, pero los niños hablan otro idioma que los mayores. Los padres aman a sus hijos pero por falta de conocimiento, acaban infectando sus tiernas mentes y sus corazones con toda su carga emocional.

—Entiendo lo que dices. La verdad es que me siento identificado. Mis padres discutían mucho cuando era pequeño y yo sufría en silencio. También he echado de menos un poco más de confianza en mí por su parte en muchos momentos importantes de mi vida.

—Tranquilo, nos ha pasado a casi todos. El problema de no entender bien que ellos también han sido programados por otros, y así perdonarles, es que podemos darle todavía más fuerza al virus del victimismo. Mucha gente queda infectada por él de por vida. Está muy extendido. Le echamos la culpa de todas nuestras penurias a todo el mundo menos a nosotros mismos. Y ese es otro grave error al que nos abocan estos "softwares maliciosos", la falta de responsabilidad. Amigo mío, tu eres el responsable de tu vida al 100%. Esa es la pura realidad. Y hasta que no dejes de echarle la culpa a los demás de todo, no avanzarás.

—Pero, según tú, ellos me infectaron.

—Sí, pero no lo sabían, así que no les puedes culpar. Como tú dijiste, ellos lo hicieron lo mejor que pudieron. No lo dudes.

—Vale, vale. Entonces, ¿cómo me desinfecto? ¿Qué hago?

—Para empezar, y como ya te he dicho, perdona a todos por todo, incluidos tus padres, profesores, amigos, etc. Y lo que es aun más importante, perdónate a ti mismo. Perdona tu pasado. La gente vive llena de remordimientos del pasado que les vacían de energía y les impiden tomar decisiones nuevas.

—Ya, claro. Oído así parece muy fácil. Pero lo que dices es bastante complicado.

—Es complicado porque todavía no lo has entendido. Tranquilo, poco a poco. La cuestión es sencilla. ¿Quieres vivir una vida nueva basada en decisiones nuevas y propias que te lleven a una vida plena, o por el contrario quieres seguir atrapado en tu pasado echándole la culpa de tu infelicidad a todos? Tú eliges. Solo tú. Es muy importante que aprendas a perdonar y a perdonarte. Y esa tarea solo la puedes hacer tú. Nadie te puede ayudar. Cuando aprendes a perdonar te das cuenta de que es fundamental para tener una vida sana. De hecho no entiendes cómo no has empezado a hacerlo antes.

—¿Sería como resetear la computadora?

—¡Exacto! Vas pillándolo. Pero tras resetear, tienes que instalar nuevos programas libres de virus y adaptados a quién eres y quién quieres ser. Ya lo dice el nombre del Paso Uno, "Aprender a Aprender". De esa manera podrás llegar a ser una mejor versión de ti mismo cada día.

De pronto Joe se sale del camino y, tras un par de ágiles zancadas, se sitúa junto a un árbol que se erige a unos metros de la senda.

—¡Otra causalidad Jorge! ¡Ven y observa la rama de este árbol!

Me acerco con alguna dificultad más que Joe para cruzar los arbustos y no dañarlos. Y tras aplastar parcialmente un pequeño grupo de flores silvestres, me sitúo frente a la rama en cuestión.

—¿Causalidad? Pues yo por más que la miro solo veo una rama de un árbol. ¿A qué te refieres?

—Te he dicho que observes, no que mires.

Me acerco más todavía a la rama en cuestión y veo algo de un verde diferente al del resto de la planta. Está colgando de la rama a la altura de mi pecho. Parece, por la mirada de Joe, que es eso a lo que se refiere. Saco las gafas del bolsillo de la camisa para verlo mejor.

—¿Es esto a lo que te refieres? —le digo señalándolo—. Parece una judía. No sé qué es.

—Siempre me ha pasado una cosa muy curiosa, la naturaleza ha sido, junto a Don José, mi gran maestra. Tiene lecciones para todo, incluidos los negocios. Y en esta ocasión nos está brindando de nuevo su ayuda. Estás ante una de las mayores lecciones que me ha enseñado en todos estos años. De hecho, hace tiempo que no veía una.

—¿Una qué? ¿Qué es? —este Joe siempre con sus intrigas.

—Es una crisálida, amigo mío. La gran lección de lo que es una verdadera transformación. Ahí donde la ves era una oruga que, en un momento dado, tomó la decisión de seguir su instinto. Seguro que tuvo miedo, como tú en el avión. Seguro que no sabía muy bien qué ni cómo lo iba a hacer. Pero lo hizo, o mejor dicho lo está haciendo. Igualmente nosotros, los humanos, debemos encontrar nuestro momento para hacer nuestra propia metamorfosis interna y darle unas alas nuevas a nuestro espíritu. Al más puro estilo del Ave Fénix, debemos renacer de nuestras cenizas. La mayoría de gente trata de ser feliz llenando sus vidas con las mismas cosas que hace veinte o treinta años. Pero no son los mismos. Deberían renovar sus objetivos y formas de vida, pero están tan preocupados en sobrevivir que ni siquiera lo piensan. Jamás eligen un momento para hacer su capullo, para renovar su piel y abrir sus alas. Siguen arrastrándose como las orugas tras la seguridad de un contrato fijo para pagar facturas. ¿Y tú Jorge? ¿Estás dispuesto a hacer tu metamorfosis?

—¿Para convertirme en una mariposa? —bromeo.

—No —me mira directamente a los ojos—. Más bien para convertirte en la mejor versión de ti mismo que jamás hayas imaginado. Y esto no es una broma. Probablemente sea la decisión más seria e importante de tu vida.

—Perdón, no pretendía parecer superficial. Por supuesto Joe, claro que quiero un verdadero cambio en mi vida. Estoy cansado de vivir para pagar facturas —se me agrieta la voz porque realmente los últimos años he vivido como un esclavo y estoy muy cansado de esta situación.

—Tranquilo Jorge, no pasa nada. Todo sucede por alguna razón. Lo importante es que ya estamos manos a la obra. No quiero ser demasiado duro pero es que esto es muy importante y quiero que lo entiendas muy bien. Ésta va a ser una de las decisiones más importantes de toda tu vida. Y para ello tendrás que cumplir con todos los compromisos que firmaste para siempre. También tendrás que esforzarte para cambiar. Y los cambios suelen ir acompañados de un cierto dolor. La verdadera cuestión es que no generar esos cambios suele ser, a la larga, mucho más doloroso.

—Imagino que a la oruga también le dolerá cuando le salen las alas —anoto en un alarde de comprensión.

—Seguro que el proceso no debe ser agradable. Pero la oruga decide que ya no va a arrastrarse durante más tiempo. Decide internarse en lo desconocido para transformarse a sí misma. No tiene ninguna garantía pero tampoco se deja asustar. No ha hecho ningún curso sobre cómo convertirse en mariposa. Pero ella sabe que puede ser algo más que una oruga, la mejor versión de sí misma que una vez soñó, una bella mariposa alada, que muestre a todos sus verdaderos potenciales.

Nos quedamos observando la crisálida atentamente. Nunca me había detenido a pensar en el milagro que representa este fenómeno de la naturaleza. Realmente es una lección increíble.

—Si no estás comprometido a hacer un verdadero cambio, nunca serás capaz de llevar a cabo tu metamorfosis personal. Sin la cual, podrás llegar a generar un ingreso extra que te ayudará a final de mes, pero no alcanzarás la verdadera meta, la libertad. Y aquí es donde tienes que poner en juego uno de tus compromisos, tienes que empezar a ser despiadadamente sincero contigo mismo Jorge.

—¿No bastaría con ser sincero a secas? Lo de "despiadadamente" suena un poco fuerte ¿no?

—¡Ja, ja, ja…! Lo siento si suena fuerte pero es que no hay otra forma más apropiada de decirlo. No basta con tratar de ser más o menos sincero. Yo hablo de algo más. Hablo de una sinceridad que te haga llorar. Hablo de tomar la decisión de dejar de seguir engañándote más. Hablo de que te des cuenta de que tus días en este planeta son muy limitados. Hablo de que te des cuenta de que solo tienes una oportunidad para vivir y se te está pasando ante tus narices. Hablo de que vuelvas a recordar tus más grandes sueños y hagas lo que tengas que hacer para ir tras ellos. Hablo de que borres tu programa de supervivencia para instalarte el programa de luchar por la vida de tus sueños. Hablo de que despliegues tus alas y te regales a ti y al mundo entero tus mejores dones. Pero amigo mío, sin la despiadada sinceridad de la que te hablo, jamás serás capaz de tomar esa decisión que cambiará tu vida y la de los que te rodean. Sin ella, no serás capaz de dejar de hacer ciertas cosas que te mantienen atrapado, para hacer otras, que serán las que te acercarán a tu nueva vida. Pero como ya te dije, todo tiene un precio. Cambiar tiene un precio. El problema es que no hacerlo tiene un precio aun más alto. La cuestión es que te tomes en serio el tercer compromiso, ser despiadadamente sincero contigo mismo. En estos años me he dado cuenta de que las personas se autoengañan constantemente. Quieren una cosa pero muchas veces sus acciones van en la dirección contraria a sus deseos. Yo, cuando era alcohólico, quería que me fuese bien en los trabajos que tuve. Realmente lo ansiaba. Pero a la más mínima derrota, mi mente comenzaba a sabotearme hasta que mi actitud se tornaba derrotista y negativa. Así que, cuando me daba cuenta, ya me había comprado otra botella de whisky. Me faltaba fortaleza interior. Eso me hacía muy cobarde e inconstante. Y lo malo era que cuanto más bebía, peor me sentía. Gracias a los consejos y retos de Don José, aumentó considerablemente mi autoestima y así, casi sin darme cuenta, dejé el alcohol. Recuerda que uno de los virus de los que te hablé era el de la falta de confianza en ti mismo. Y el siguiente paso es la depresión. Hay muchas personas que se atiborran de antidepresivos porque no han sabido ni han decidido renovar sus vidas y sus ilusiones. La vida les "pesa" sobre sus hombros. Se arrastran como la oruga hasta que finalmente, mueren, y desaparecen.

Todos estos comentarios de Joe me están empezando a afectar. Según va hablando, me voy viendo fielmente reflejado. Ya no tengo la ilusión que tenía hace años por comenzar proyectos nuevos. Incluso últimamente he empezado a tomar alguna pastilla para dormir de vez en cuando. La verdad es que mi vida lleva un tiempo en el que no avanza ni hacia adelante ni hacia atrás. Bueno sí, cuando discuto con Sara, voy un poco hacia atrás. Desde que nos compramos la casa parece que todo se ha convertido en una obligación para pagar la hipoteca. Las deudas han afectado, y mucho, a nuestra relación de pareja. Ya casi no viajamos, ni salimos a cenar, y nuestro máximo "sueño" semanal se ha convertido en ir al cine los sábados por la tarde. Hasta nuestras ganas de ser padres se han difuminado por el miedo a los nuevos gastos que supondría el bebé.

—¡Ah! Se me olvidaba preguntarte. ¿Qué tal se tomó Sara la noticia de que te que te raptaba dos días?

—Bueno, ya sabes... —parece que me ha leído la mente. Empiezo a pensar que Joe es telépata.

—Ya sé… ¿qué? –indaga.

—No muy bien. La verdad es que la dejé bastante cabreada esta mañana. Para ella es muy importante la comida dominical con su familia.

—Bueno, no te preocupes. Ya lo entenderá cuando su vida mejore gracias a tus nuevas prioridades. Hay que tener cuidado porque sin darnos cuenta nos dejamos poseer por las prioridades de las personas cercanas a nosotros. La familia, la pareja, los hijos o los amigos son muy a menudo, y sin darse cuenta, pequeños grandes tiranos con nuestro tiempo. Quieren que vayamos a sitios o que hagamos cosas en ciertos momentos que van en dirección contraria a nuestros sueños e ilusiones. Y no hablo de no tener una buena relación con todos ellos. Por supuesto que debes tenerla, es fundamental que así sea. Siempre debe haber un equilibrio entre el tiempo que dedicas al trabajo y el que le dedicas a tus seres queridos. La familia y los amigos son muy importante y por eso deberías hacer lo que sea necesario para obtener la libertad que te dará tiempo de calidad para disfrutar con ellos. Que nunca se te olvide que es más importante la calidad que la cantidad. Solo digo que tienes que tener prioridades. Deberás poner en el primer lugar de la lista tu propia vida, tus propios sueños. Y no hablo de ser egoísta sino de ser responsable de tu vida, que es muy diferente. Te anticipo que, durante un tiempo, habrá muchos domingos en los que no puedas ir a comer con tus suegros o que tengas que dormir fuera de casa. Los sueños no entienden de fines de semana, ni de rutinas, ni de suegros. En esos momentos tienes que recordar que algún día te van a entender y se van a sentir muy orgullosos de ti. Ese es uno de los precios, priorizar.

—Te entiendo Joe pero a veces no es tan fácil.

—¿Acaso he dicho yo que sea fácil? Nada que valga la pena es fácil. Todo requiere de un esfuerzo. Y muchas veces no solo es un esfuerzo físico, sino también emocional. ¿Te acuerdas del libro de las señales de Paulo Coelho del que me hablaste?

—¿El Alquimista?

—¿Sabes por qué eran famosos los alquimistas?

—Por convertir el plomo en oro. O por lo menos eso dicen –le respondo muy seguro.

—¡Exacto! Pues podríamos decir que lo que yo voy a hacer es

intentar convertirte en un alquimista de ti mismo y, por ende, de tu negocio.

—¿Yo un alquimista? No te entiendo Joe.

—Lo de convertir el plomo en oro es algo que podemos hacer con muchas facetas de nuestra vida. De hecho creo que a lo que se referían los antiguos alquimistas era justamente a eso, a una transformación interior. El plomo es lo viejo, y el oro es lo nuevo. La oruga que se arrastra es el plomo y la bella mariposa alada haciendo piruetas en el aire es el oro. Por cierto, creo que ya es un buen momento para que me hables de cómo has vivido estos meses en tu proyecto multinivel.

—Bueno... —temía que llegara este momento—. Pues como ya habrás intuido no muy bien. Comencé en el negocio a través de un vecino que me lo comentó un día en una barbacoa. Al principio estaba lleno de ilusión. Parecía el negocio perfecto. Pensaba que todos mis conocidos entrarían al negocio conmigo. Pensaba que lo verían tan claro como lo vi yo. Pedí treinta contratos para que no se me terminasen. Estaba entusiasmado. Y entonces comencé a llamar a mi lista de contactos. Y ahí tuve mi primera desilusión. Mucha gente me falló. Ni siquiera querían venir a la presentación para escucharlo. Unos no tenían tiempo. Otros me decían que me iban a engañar. Incluso uno de ellos llamó a otros para advertirles de mi incipiente llamada poniendo en tela de juicio la viabilidad del negocio. Ni que decir tiene que con esa persona me he alejado bastante y con otros estoy un poco molesto. Me han fallado.

—Tranquilo, ya te entenderán. Es muy importante que no te enfades con nadie. Es más normal de lo que crees. Dentro de muy poco tiempo lo verás de una manera mucho más positiva y constructiva. Pero a algunos sí que les habrás presentado el negocio ¿no?

—Sí, claro. Creo que a doce personas más o menos.

—¿Y qué pasó?

—Bueno, pues solo han entrado al negocio dos amigos pero no se ve mucho interés por su parte. Si te soy sincero, el día del accidente iba pensando en dejarlo todo.

—¡Pues menos mal que aterricé sobre ti. ¡Ja, ja, ja…!

Ya estamos con la risita. Esta vez me dan ganas de darle un

puñetazo a Joe. ¿Cómo se puede reír de mi situación?

–No te enfades –de nuevo me lee el pensamiento–. Es que me hace gracia que a tanta gente le pase lo mismo. No eres una excepción. Simplemente es que, probablemente, lo estás haciendo mal. Pero eso no es un problema. Lo único que tienes que hacer es entender ciertas cosas y hacer las cosas de otra manera más inteligente. Todavía no lo puedes ver, pero empezar así es una bendición.

–¿Una bendición? Pues menuda bendición –digo con tono de cabreo.

–¡Ja, ja, ja…! Tranquilo. Cuando aprendas a utilizar la alquimia en el negocio, lo verás claro como el agua. Pero quiero que entiendas que todo proyecto que valga la pena tiene su proceso, y ese proceso siempre lleva aparejados ciertos aparentes fracasos momentáneos. Y fíjate que digo "aparentes". ¿Conoces ese refrán que dice que "no es oro todo lo que reluce"?

–Claro.

–Pues Don José tenía una juego de palabras tan sabio como el refrán original que me recordaba cuando yo sufría esos pequeños fracasos. "No es plomo todo lo que no reluce" me decía mirándome fijamente. Parece que le estoy viendo. Los fracasos tienen muy mala fama y por eso nos asustan. De hecho el miedo al fracaso es uno de los peores virus. Pero te voy a decir una de las cosas más importantes que vas a escuchar en toda tu vida. ¡Los fracasos son los que te conducirán directamente al éxito!

–¿Queeeé? Estás de cachondeo ¿verdad Joe?

–Nunca bromeo con estas cosas. De hecho Don José no quería que me pusiese objetivos mensuales de éxitos, sino de fracasos, de negativas. Y tú vas a hacer lo mismo. La única forma de aumentar tus posibilidades de llegar al éxito es aumentar tu número de fracasos. No te puedes imaginar la de negativas que yo acumulé durante todos estos años; sobre todo al principio, claro. Pero no tumbaron mis sueños porque había entendido lo que en realidad eran, pequeños escalones necesarios hacia mi libertad. Sé que esto puede parecer un poco raro, pero tanto en el multinivel como en la vida los fracasos son verdaderos maestros y amigos. Los fracasos son el alma de tu historia personal de superación. Y tu historia de superación es la que te va a llevar hasta la cima del éxito de la mano. Conozco gente, entre la que me incluyo, que hemos contado la misma historia de superación miles y miles de veces. Una historia que les emocione y en la que se vean reflejados, con la que se identifiquen. Una historia con la que entiendan que si yo he podido superar todos los obstáculos, ellos también pueden. Las historias personales tienen el poder de cambiar vidas. Y recuerda que tu historia personal comenzó mucho antes de firmar con tu empresa multinivel. Recibe este mal comienzo como un regalo, porque eso es exactamente lo que es. Un recurso que, bien entendido, será tu mejor socio en tu trayecto al éxito. No puede existir una buena historia de superación si en ella no hay grandes obstáculos que resolver. Vamos a ir desmontando tus peores temores para convertirlos en tus mejores aliados. ¿Vas entendiendo por qué te dije que te ibas a convertir en un experto en alquimia?

–No, si visto así tiene sentido. Pero, ¿y qué me dices de todas las tonterías que tengo que escuchar desde dentro y fuera de mi familia?

–¿A qué tonterías te refieres?

–Pues que si me están engañando, que si esto no es para mí, que si ese tiempo podía estar con ella…

–¡Ja, ja, ja…! Es parte del juego. Tranquilo. A todos nos ha pasado. A todos los grandes inventores y genios les han llamado locos en su momento. De hecho, volvamos a hacer alquimia. Eso que me cuentas es una gran señal de que estás haciendo algo que realmente vale la pena. Mira sus vidas. Probablemente no sean ni emprendedores ni inventores exitosos ni nada que les acerque a darle un cambio a sus vidas, que seguramente lo necesitan. Verás Jorge, apunta esto bien en tu libreta. Te conté que mi sistema consta de solo dos pasos, pero dentro de esos dos pasos existen lo que yo he llamado, y apunta en tu libreta, "Las Ocho Trampas Letales del Multinivel".

–Hombre, lo de "letales" suena un poco fuerte ¿no?

–Tenemos que hablar claro. Lo de "letales" no está puesto al azar. Cualquiera de ellas en la que caigas mermará y ralentizará mucho tu negocio, pero la mayoría de las veces acabará con él definitivamente. Te lo aseguro. Lo he visto cientos y cientos de veces. Son trampas en las que mucha gente cae sin darse cuenta y luego no entienden qué ha pasado. Simplemente acaban creyendo que el negocio no funciona.

—Bueno, pues vamos con ellas ¿no?

—Por supuesto. La primera trampa letal es, "Dejarte arrastrar por los matasueños".

—¿Matasueños?

—Sí, matasueños. Muchas veces algunos, o muchos, amigos y familiares no creen en nuestro nuevo proyecto y es fácil que sus opiniones infundadas traten de tumbar nuestro sueño de éxito y libertad. No puedes poner tu vida en manos de las opiniones de los demás porque acabarás siendo igual que ellos. Verás Jorge, en mis muchos años he conocido a muchas personas y me he dado cuenta de que hay muchos "opinadores", pero no tantos "hacedores". Se diferencian porque los primeros son conformistas; tienen sueños pequeños, si todavía los tienen. Mientras que los segundos sí los tienen, y grandes; luchan por ellos, y cuando se caen no se rinden, sino que se levantan y vuelven a intentarlo. A los "opinadores" es mejor no prestarles mucha atención, pero si te habla un "hacedor" escúchale atentamente porque siempre puede haber una lección que aprender. Además, recientemente los científicos han descubierto en nuestro cerebro las llamadas "neuronas espejo", que hacen que imitemos inconscientemente los actos y las emociones de la gente que nos rodea. Así que tú eliges. ¿A quién te quieres parecer?

—Bueno vale, tienes razón. En realidad me encantaría llevarte la contraria pero no puedo. Pero en el caso de Sara o mi familia es más complicado.

—El tema de la pareja y la familia es más delicado. Ahí tienes que hacer un trabajo de paciencia y convicción personal en tu proyecto. Pero tranquilo, cuando Sara y tu familia vean resultados tangibles que mejoran sus vidas y vean cómo tú también mejoras en todos los aspectos personales, te entenderán y apoyarán. Es más, serán tus mejores fans. Recuerda que te dije que si quieres un verdadero cambio en tu vida tienes que volver a aprender cómo relacionarte con los demás y eso incluye a tu familia y a Sara. Además, para darle amor de calidad a lo tuyos, antes tendrás que aprender a amarte a ti mismo. Y eso también significa luchar por lo que crees.

Me quedo reflexionando sobre todo esto mientras Joe aparta unas piedras que hay junto al camino. En cuanto acaba, interrumpe de golpe mis pensamientos.

—Te veo muy pensativo Jorge.

—Sí, todo esto me está haciendo reflexionar. Por un lado tienes razón y debo ponerme las pilas para luchar por una vida mejor, pero me preocupa que todavía queden siete trampas letales más.

—Tranquilo, no todo van a ser trampas. Te voy a dar buenas noticias. ¡Ven acompáñame!

La Palanca

Nos dirigimos por otro camino hacia un cobertizo que no está lejos. A unos metros de la entrada nos paramos y Joe me señala una gran piedra a la vez que me mira con gesto desafiante.

—Trata de levantarla un poco.

—¿Qué? ¡Pero si debe pesar más de treinta kilos! ¡Todavía tengo dolores del accidente! ¿Qué quieres que vuelva unos días al hospital? —le replico un poco enfadado por su imprudente idea.

—¿Quieres ver cómo la levantas, incluso con tus dolores, sin tener que visitar el hospital? —entra en el cobertizo y sale con una barra de hierro y un madero—. ¿Sabes lo que es? —me pregunta mientras los coloca junto a la piedra.

—Pues una barra de hierro y un madero.

—¡Ja, ja, ja…! No es una barra de hierro cualquiera. Fíjate en su forma, es una palanca. Y el madero lo utilizaremos como punto de apoyo. Recuerda lo que dijo el gran Arquímedes, "Dadme un punto de apoyo y moveré el mundo". No te pido tanto pero ¿podrás levantar la piedra unos cuantos centímetros?

—Está bien. No sé a dónde quieres llegar pero lo intentaré. Aunque si me duele lo dejamos, ¿de acuerdo?

—Que sí, que sí. ¡Venga, dale!

Cojo la palanca previamente acomodada por Joe junto con el madero haciendo de punto de apoyo. Me coloco buscando una postura lo más segura posible para mis lesiones. Empujo la palanca hacia abajo y, para mi sorpresa, levanto la pesada piedra unos centímetros del suelo casi sin esfuerzo. Nunca había utilizado una palanca y realmente me sorprende cómo se ha multiplicado la fuerza.

—Te preguntarás para qué te hago mover una piedra.

—Me encantaría saberlo.

—Pues, como te dije, para darte una buena noticia. Además de "Las Ocho Trampas Letales" también te voy a dar "Las Ocho Palancas Mágicas del Multinivel"; y por supuesto, el punto de apoyo correspondiente, pues sin él, las palancas no funcionarían. Es sencillo, una palanca es algo que multiplica y optimiza tu esfuerzo, como las "palancas mágicas" que voy a tratar de que entiendas.

—Pues dame la primera ya ¿no?

—De acuerdo. La primera palanca parece lo contrario de la primera trampa pero es más sutil, y dice así, "Apaláncate en tus detractores". Apaláncate en su falta de confianza en ti. Utiliza su falta de fe en ti para multiplicar tu fuerza. Demuéstrales de lo que eres capaz. ¿Ellos se atreverían a saltar de un avión sin previo aviso y padeciendo de vértigo? Lo dudo mucho. He visto gente que ha tenido mucho éxito, cuyo mayor motor para su perseverancia ha sido justamente éste. Tienes que pensar, «¿no creéis en mí?, pues ahora os vais a enterar de lo que soy capaz. Ahora vais a conocer al auténtico Jorge. Ahora vais a ver hasta dónde puedo llegar». Si te apalancas en tus detractores siempre tendrás un plus de energía. Alquimia, amigo mío, alquimia.

—Te gusta darle la vuelta a todo. Te las arreglas para verlo todo de una manera positiva. Nunca había visto las cosas como me las estás explicando. Realmente sacas oro del plomo. La verdad es que me encantaría demostrar a todos que soy capaz de muchísimo más de lo que ellos creen. Yo sé que tengo mucho más para dar y me da rabia que nunca lo hayan apreciado. Sería una sensación maravillosa.

—¡Pues apaláncate en esa rabia! ¡Utilízala a tu favor y estarás haciendo alquimia! Pero sobre todo debes esforzarte en entenderlo. Esa será la diferencia que te hará dar cada paso con firmeza. Y cuando te hablo de entenderlo recuerda que debes hacerlo tanto con el cerebro que tienes en la cabeza como con el que tienes en el corazón. Es decir, debes entenderlo y sentirlo. ¿Sabes que los investigadores han descubierto que el corazón tiene un 65% de células neuronales y no musculares? De hecho hay ya quién afirma que es el corazón el que da ordenes al cerebro y no al contrario. ¡También pensamos con el corazón, amigo mío! Y recuerda que el leguaje del corazón son las emociones, no las palabras. Así que siente esa rabia con todo tu ser para que te dé la fuerza necesaria.

Me quedo pensando tras terminar de apuntar en mi libreta las últimas notas. Es muy curiosa la forma que tiene Joe de darle la vuelta a todo. De hacer alquimia, como él dice. Pero tiene sentido. De hecho me está removiendo todo por dentro. Me estoy dando cuenta de lo desconectado que estoy, o estaba, de la vida. Me estoy convirtiendo en una sombra de lo que fui. Ya ni siquiera recuerdo mis sueños. Esto no puede seguir así. Tengo que dar un salto. Tengo que ponerme manos a la obra.

—Bueno, vale. Pero ¿y cómo hago para que me funcione el negocio? Yo voy a todas las reuniones y talleres, no sé cuántos libros me he leído sobre el tema pero luego, a la hora de la verdad, mis invitados se van sin firmar. Y además ya no me quedan casi contactos a los que prospectar.

—Para empezar, tendrás que hacer un gran Paso Uno. Y hasta que no consigas que por lo menos doce personas, que se tomen el negocio más o menos en serio, se unan a tu negocio directamente, y de este modo alcances los primeros rangos, no habrás terminado el crucial Paso Uno. El Paso Uno es el más importante. Para mí, mucho más que el Paso Dos. El Paso Uno son los cimientos del negocio que quieres construir. Y ya sabes que sin unos buenos cimientos da igual la calidad de los ladrillos o las ventanas porque lo que construyas se agrietará antes o después. Así que te puedes imaginar que habrá que presentar el negocio a mucha gente. Porque yo me pregunto, ¿alguien puede creer que va a conseguir la libertad financiera y la vida de sus sueños presentándole el negocio a su familia y algunos amigos? No tiene mucho sentido. El sentido común no existe en un planteamiento así. Te pondré un ejemplo para que lo entiendas. Imagina que mañana aceptas llevar en exclusividad para tu país una nueva marca de ropa. Es de mucha calidad y tiene un precio muy atractivo pero nadie la conoce todavía. Estoy seguro de que las primeras prendas se las venderías a tu familia y amigos ¿no?

—Imagino que sí, claro.

—¿Pero tú crees que vendiendo solo a tu círculo de personas más cercano tendría mucho éxito el proyecto?

—Hombre, pues no. Está claro que tendría que buscar tiendas para que vendiesen las prendas.

—¿Crees que los dueños de las tiendas vendrían a tu casa a comprarte tu ropa sin saber que existes?

—Es obvio que no Joe. Pero yo no tengo tiendas a las que ir a ofrecer mi negocio multinivel.

—No, es mucho más fácil porque lo que necesitas son personas, no tiendas. Y por lo que yo sé, hay muchas más personas que tiendas. La ciudad está llena de personas. De hecho si algo hay, son personas.

—Sí, pero a la gran mayoría no las conozco. Soy un poco tímido y me da vergüenza hablar con desconocidos. Parece que les voy a vender algo.

—La pregunta clave aquí es ¿qué precio estás dispuesto a pagar? ¿Vencer el miedo a relacionarte con personas que conoces poco, o incluso no conoces de nada, te parece un precio demasiado alto por tu libertad? Porque si es así es mejor que terminemos con esto y te vayas a esconder detrás de los montones de papeles de tu mesa de trabajo. Recuerda lo que hablamos de los miedos. No te asustes Jorge, no lo permitas. La vergüenza y la timidez, son como un muro que nos separa de la vida. Son parte de los virus psicológicos que tenemos que erradicar cuanto antes. También tienes que revisar el concepto interno que tienes de tu negocio, de tus productos y de ti. Si realmente estuvieses convencido de que lo que les estás ofreciendo es muy bueno para cualquier persona, no te costaría tanto hablar de ello. El problema es que todavía no crees ni en tu negocio ni en ti. Además, yo no lo llamaría vender, más bien diría que les vas a recomendar algo que sabes que les podría cambiar la vida para mejor. También les estás ofreciendo la posibilidad de colaborar contigo y con todo un equipo de personas, de prestarle toda vuestra ayuda para que puedan arrancar un negocio próspero. Les estás ofreciendo una opción de mejorar sus vidas en muchos aspectos con una inversión económica mínima. Tras la presentación del negocio, ellos decidirán si quieren, o no, comenzar un cambio en sus vidas. Esa ya no es tu decisión, sino la suya. Pero como ya sabes que tu negocio no depende de su respuesta, sino de tu trabajo constante, su posible negativa no te afectará. Estarás vacunado contra la parte oscura de las negativas. Pero tienes que mejorar la opinión consciente y subconsciente que tienes de lo que ofreces, incluido tú. Eso, lo vamos a lograr estos días, tranquilo. De hecho estoy seguro que ya te está pasando.

–No te voy a mentir. El concepto que tenía ayer por la mañana del multinivel era horrible pero tus planteamientos lo están cambiando todo. Pero te quiero hacer una pregunta práctica. ¿Qué hago con las personas que, tras la presentarles el negocio, dicen tienen que probar durante meses los productos para comenzar el negocio y finalmente desaparecen? He tenido varios casos así.

–Excusas, amigo mío, excusas para no enfrentar sus propios miedos. Debes aprender a diferenciar las excusas de las dudas reales. Por desgracia, la "excusitis" es otro virus psicológico muy extendido en la humanidad. Haz una prueba con ellos. Pregúntale a esas personas cuanto tardarían en firmar el acuerdo si, en vez del sistema multinivel, tu empresa les ofreciese un contrato blindado con un sueldo mensual de 10.000 euros y dos meses de vacaciones al año. Seguramente no pensarían tanto en probar los productos. ¿No crees?

–Seguramente no. Imagino que firmarían lo antes posible para no perder la oportunidad. Es una gran pregunta. Estaré encantado de hacérsela para ver su cara. Tienes toda la razón, es una excusa. Pero ¿y qué pasa con los que me dicen que no les gusta nada que tenga que ver con vender? ¿También es una excusa?

–También lo es. Ofréceles el contrato de los 10.000 euros al mes y verás si se pondrían las pilas. De todas formas, como ya te he dicho antes, yo nunca he considerado que vendiese nada, sino más bien que compartía una información valiosa que les podía mejorar la vida a las personas. Aunque no sé si te has dado cuenta, pero en esta sociedad todo el mundo vende algo, incluso tú.

–Te equivocas. Yo en mi empleo de contable no vendo nada.

—¡Ja, ja, ja…! Grave error, amigo mío. Tú también vendes cada día. El problema es que en vez de vender la hipotética ropa de marca o algún otro producto, haces algo mucho peor, vendes tu tiempo, tu vida y tus sueños por un sueldo. Pero como te llega para pagar las facturas e ir al cine el sábado te parece suficiente. Ese es un mal negocio. Seguramente el peor negocio que puedes hacer en tu vida. Además no me puedo ni imaginar la sensación de tener que estar casi un tercio de la vida en un empleo que no te gusta, que no te ofrece ninguna aspiración más que llegar vivo a final de mes para cobrar lo justo, y así, sobrevivir otro mes. Y encima, a tu edad, empiezas a estar cada día con el miedo en el cuerpo de que no te despidan. A mi edad, y ya son muchos años, se ve este tema muy claro. Hay que hacer lo necesario para tener calidad de vida. Ya te dije que el mayor de los riesgos es no arriesgarse.

—Bueno, si hago bien mi trabajo no tienen por qué despedirme.

—Puede que no, o puede que sí. No está en tu mano esa decisión. Siempre dependerás de las decisiones tu jefe. Una mala decisión empresarial puede llevar a la quiebra cualquier empresa y con ella esfumarse tu empleo. O puede que un familiar de tu jefe se quede en paro y necesite tu sitio en la empresa. En fin, tu empleo y tu sueldo dependerán de muchos factores y tú no controlarás casi ninguno de ellos. Siempre y cuando tu profesión no desaparezca antes, claro.

—¿Desaparecer mi profesión? No creo. Siempre se necesitarán contables.

—¡Ja, ja, ja…! ¿No sabes que ya hemos entrado en la cuarta revolución industrial?

—¿La cuarta? ¿Pero la Revolución Digital no es la tercera?

—Tienes razón. La Revolución Digital ha sido la tercera, con los ordenadores personales, los teléfonos móviles e internet como protagonistas. Pero ya estamos en el comienzo de la cuarta, la Revolución de la Inteligencia Artificial y la Robótica.

—¿Y eso qué tiene que ver con mi trabajo?

—Pues que probablemente tu trabajo de contable dentro de diez años lo haga un robot; y además mucho mejor y más rápido que tú. Y no solo los contables, sino que los mayores expertos del mundo de este tema dicen que en el año 2030 habrán desparecido, en todo el mundo, el 50% de los empleos que hoy en día conocemos siendo sustituidos por robots que no se quejarán, ni comerán, ni dormirán, ni enfermarán. El mercado laboral está a punto de sufrir el cambio más radical de la historia. Todo va a automatizarse con estos sistemas ciber-físicos, como los llaman los científicos. Cuanto más mecánico sea tu empleo, más posibilidades de ser sustituido por un robot. Y el tuyo, como muchos otros, lo es. Solo por esto ya deberías de darte cuenta de que el término "trabajo seguro" está prácticamente obsoleto. Infórmate y verás que no exagero ni un ápice.

—Me estás empezando a deprimir… —le contesto un poco apesadumbrado.

—¿Ya te has olvidado de la alquimia? Trata de ver el oro en el plomo de nuevo. La buena noticia es que toda esa gente va a necesitar algo en lo que trabajar y estoy seguro de que tu negocio multinivel va a ser una excelente opción para todos ellos. De hecho, cuando más crecen estos negocios es en las épocas de crisis de empleo.

—¿Tú crees que nuestro negocio se salvará de esa robotización?

—Estoy convencido de ello.

Seguimos caminando en silencio mientras le voy dando vueltas a cada reflexión de Joe. A lo lejos veo el lago de ayer y parece que nos dirigimos hacia allí. Es un paraje que da mucha paz. Se oyen los cantos de los pájaros y las cigarras. Es verdaderamente un pequeño paraíso. Nos seguimos acercando al lago cuando veo al que parece el mismo pescador de ayer revisando su caña.

—¡Mira que bien, ahí está Manuel! Es un vecino amigo mío al que le encanta pescar aquí. Ahí se tira él con su caña de pescar horas y horas, y siempre sonriendo. Vamos a hablar con él —nos acercamos manteniendo el silencio que rompe Joe con su profunda voz—. ¡Hola Manuel! Mira vengo con un gran amigo. Su nombre es Jorge.

—¡Hola Joe! ¿Qué tal Jorge? Encantado de conocerte. Si eres un gran amigo de Joe también ahora lo eres mío.

—¡Encantado Manuel! Lo mismo digo —le respondo cortésmente—. ¿Cómo va la pesca?

—Pues muy bien, como siempre. Hoy he cogido un par de piezas magníficas.

–Sí que lo son –le responde Joe mientras se asoma a una cesta de mimbre que está junto a Manuel–. Hoy vais a cenar pescado fresco.

Tras unos minutos de amena conversación, se crea un agradable silencio que nos permite escuchar todos los sonidos del lugar. Joe hace un extraño gesto con el rostro para, a continuación, volver a hacer gala de su penetrante voz.

–Manuel, permíteme que te haga una pregunta. ¿Cuántas veces, más o menos, has tirado el anzuelo durante la mañana?

–No sé, Joe. ¿Cien veces? ¿Ciento cincuenta? No lo sé Joe. No llevo la cuenta.

–Excelente respuesta Manuel, muchas gracias. Bueno, tenemos que seguir con nuestra ruta, así que aquí te dejamos con tus trofeos y tu paz. Saluda a tu mujer de mi parte.

–Adiós Joe, y gracias por permitirme disfrutar de este lugar tan maravilloso.

Nos damos la vuelta dejando a Manuel disfrutando de su pesca. A los pocos metros Joe se para y me mira como cuando va a decir algo importante.

–¿Has oido eso? Ciento cincuenta veces. ¿Qué crees que pasaría si Manuel se derrumbase cuando al sexto o séptimo intento saliese el anzuelo vacío?

–Pues que probablemente no se llevaría nada para cenar.

–¡Exacto! Igual que pasa en los negocios. Pero Manuel tiene una ventaja muy importante.

–¿Cuál? –pregunto intrigado.

–Pues que él ya cuenta con esos intentos fallidos. Ya sabe que va a ser así antes de empezar. Y él también sabe que con cada intento fallido está más cerca de la siguiente captura. Tú, al prospectar, debes tener la misma actitud. Don José siempre me decía que tener el "ánimo correcto" sería lo que me haría disfrutar realmente del negocio. Me decía que si no disfrutaba haciéndolo, incluyendo prospectar, era porque no lo había entendido. Es decir, si sabes de antemano que van a existir las negativas, en vez de derrumbarte, acabarán hasta gustándote. Te recuerdo lo que hablamos de tu historia personal. Todas esas negativas están escribiendo tu historia. La superación de esos pequeños y aparentes fracasos es necesaria para que, en el futuro, puedas ayudar a los que se encuentren en situaciones similares, y recurran a ti en busca de inspiración y motivación. Debes aprender a disfrutar las negativas, a valorarlas. Si quieres llegar a la cima del éxito debes atravesar ese valle. El truco es no tomártelas como algo personal. En todo caso, lo que están rechazando es el negocio, no a ti. En realidad tienes que entender que no todo el mundo está preparado ni tiene el coraje para emprender un negocio. Ellos te darán mil y una excusa para decirte que no, pero la realidad es que sus miedos les están jugando una mala pasada. Es parte del negocio entender que esto sucederá más veces de las que te gustaría. Pero estate tranquilo porque muchos de ellos vendrán a ti cuando tengas resultados tangibles y te vean prosperar. Recuerda el séptimo compromiso que firmaste, paciencia, mucha paciencia amigo mío. Con esfuerzo todo llega. Tu negocio no depende de ellos ni de nadie. Depende de ti y solo de ti. Siembra y siembra cada día y luego ten paciencia. Cada semilla tiene su tiempo para germinar. Hazte amigo de las negativas. ¿Qué te parecería si un día voy a tu casa y me ofreces una taza de un tipo de café sublime que te han traído especialmente para ti desde Colombia, y te digo que no me gusta el café? ¿Te enfadarías conmigo?

–No Joe. ¿Cómo me voy a enfadar contigo por eso?

–Pues en realidad no es tan diferente. Tu ofreces algo y la gente lo acepta y lo prueba, o no. Así de simple.

–Dicho así suena hasta cómico.

–Es que visto en perspectiva, enfadarse por una negativa es realmente cómico. Pero antes de seguir, te daré un pequeño truco que a mí siempre me dio resultado. Don José me dijo que apuntase en mi agenda unas frases para leer varias veces justo después que tuviese algún rechazo. En realidad, más que leerlas deberías sentirlas. Las recuerdo perfectamente de tantas veces que las tuve que repetir. Apunta.

"Yo soy un vencedor en busca de mis sueños.
Ningún obstáculo me desviará de mi meta.
Los rechazos me gustan mucho porque
me hacen más fuerte y más sabio.
Valoro los rechazos porque están
forjando mi historia personal.
Mi historia es mi mejor socia
para llegar hasta la cima.
Gracias obstáculos por
forjar mi carácter."

—Repítelo y siéntelo, como he hecho yo durante todos estos años tras los rechazos, y notarás su potencia. Llévala siempre contigo. No subestimes esta herramienta. Las cosas más potentes a veces son las aparentemente más sencillas. La cuestión es acordarse siempre de leerlo, y sentirlo, tras cualquier negativa, del tipo que sea. No solo sirve para el negocio, sino para cualquier situación negativa de la vida.

—Creo que será una gran idea. Son palabras muy inspiradoras y sabias. Además, en esos momentos cualquier ayuda es poca.

—¿Cualquier ayuda es poca? Pues sigue apuntando porque aquí viene la segunda Palanca Mágica, "el Poder de las Probabilidades". Parece una tontería pero utilizar las probabilidades es pura alquimia. Simplemente tienes que sacar tus medias. Por ejemplo, si de cada diez personas a las que le hablas del negocio, acaba entrando al negocio finalmente una, tu media es del 10%. Genial.

—¿Genial el 10%? A mí no me parece tan genial.

—Pues a Manuel menos de un 1,5% de capturas le parecía genial.

—Hombre, no es lo mismo.

—Lo importante aquí es que ya sabes algo importantísimo; que vas a tener nueve rechazos antes de llegar a tu nuevo socio. ¡Así, ya cuentas con ellos! Y eso te da una perspectiva totalmente nueva. Si no quieres tener rechazos, tendrás que volver a tu mesa de contable a ayudar a tu jefe a cumplir sus sueños. A costa de los tuyos, claro.

—No, por favor. Quiero salir de esa oficina.

—Pues entonces, enfrenta las cosas con coraje. En vez de objetivos de éxitos, vamos a hacerlo como hizo Don José conmigo. Te marcarás objetivos semanales y mensuales de rechazos, de negativas. Ese será tu objetivo más importante. ¿Qué te parece quince negativas a la semana para empezar?

—¿Quince? ¿No son muchas?

—¿Muchas? ¡Ja, ja, ja…! A mí Don José me puso al principio treinta semanales. Pero creo que para empezar, quince está bien. Son solo dos al día. ¿De qué te quejas? Prospectar a alguien puede durar cinco minutos. Si lo multiplicas por dos, son diez minutos netos al día. ¿Eso es mucho trabajo?

—Bueno, también tendrás que contar el tiempo que pasaré presentándoles el negocio en mi casa.

—¿Les has presentado tú el negocio a tus contactos sin la presencia de alguno de tus uplines con resultados? —me dice moviendo la cara en claro gesto de desaprobación.

—Sí, claro, excepto en algún caso que hemos ido a la reunión central, yo les he presentado el negocio en mi casa. El ambiente es más relajado y familiar.

—Pues amigo mío, ese es un grave error. De hecho has caído en la "Segunda Trampa Letal" y casi destruye tu negocio. Ya te advertí que son letales.

—¿Pero cuál es? —estoy tan absorto en la conversación que no me he dado ni cuenta de que ya estamos muy cerca de la casa de nuevo. Joe se dirige a lo que parece un garaje que hay al lado, y abre la puerta

—¡Ven, entra y te la mostraré!

—¿Me mostrarás la trampa?

—Sí.

Entramos en el garaje. Huele a una mezcla entre pintura, madera y hierro. Hay un montón de herramientas colocadas en un orden perfecto. Nos dirigimos hacia algo que hay tapado con una gran lona. Joe me hace un gesto como para que le ayude. Al correr la lona entre los dos, aparece ante mi un precioso y brillante vehículo antiguo en perfecto estado.

–¿Te gusta?

–Sí, es precioso.

–Lo encontré en un desguace y poco a poco lo he ido restaurando. Estoy muy contento con el resultado. Como ves se puede hacer alquimia con casi todo. A Mary y a mí nos encanta pasear con él los días soleados. Móntate en el sitio del conductor.

Me subo y me doy cuenta del gran trabajo que ha hecho Joe. Es un coche precioso y ha cuidado hasta el último detalle.

–Muy bonito pero ¿qué tiene que ver el coche con la trampa?

–¡Arráncalo y lo verás! –lo arranco y suena a las mil maravillas.

–Si quisieras salir de paseo, ¿qué marcha pondrías primero?

–Hombre, pues la primera, está claro. ¿Me tomas por tonto?

–No, Jorge, tranquilo. ¿Y qué pasaría si en vez de poner la primera marcha, trataras de salir con la cuarta? Pruébalo.

–No hace falta que lo pruebe Joe. Se calaría; se apagaría el motor. Eso es bastante obvio.

–Sí, es bastante obvio en un sistema como un motor, pero yo me pregunto, ¿por qué no es tan obvio en un sistema como el multinivel?

–¿Cómo?

–Todo tiene su orden y, si lo alteras, lo más probable es que no funcione bien.

–¿Orden? ¿Cuál es entonces la trampa?

–La trampa es "Tratar de hacer el Paso Dos sin haber hecho antes un gran Paso Uno". Eso es letal. Me sorprende a cuanta gente le sucede lo mismo. En mi método, solo presentas tú directamente el negocio en el Paso Dos. Lo que pasa es que no has entendido, como mucha gente, lo que representa trabajar en equipo y utilizar bien el sistema que nos ofrece el multinivel. Cualquier sistema tiene sus fases y su orden. No te olvides. El multinivel, como el motor, también es un sistema con sus fases y si te saltas alguna, simplemente no funcionan bien. En el Paso Uno, además de ir a todas los eventos que te sea posible, tu trabajo consiste solo en mover personas a presentaciones de negocio en donde una persona que ya tenga resultados tangibles y, por ende, más experiencia que tú, comparta su historia de éxito. Si puedes ir a una reunión central no tendrás problema, porque la persona que presente el negocio seguramente tendrá resultados. Pero si haces una presentación en tu casa, esa persona debería ser, en la mayoría de casos, algún líder de tu línea de auspicio. Ellos estarán encantados de verte concentrado en mover gente y acudirán en tu ayuda sin problema. Ten en cuenta que también es su equipo y su negocio. Lo que falta no suelen ser uplines con resultados dispuestos a ayudar y trabajar. Más bien, lo que faltan son distribuidores concentrados en mover gente hasta completar un gran Paso Uno. Además, como bien sabes, la práctica hace al maestro. Un Paso Uno bien hecho te convertirá en un experto en mover personas, en prospectar. Ser experto en algo es maravilloso porque lo puedes enseñar desde la experiencia, no desde la teoría o la exigencia. Si eres capaz de enseñar a mucha gente cómo hacer un gran Paso Uno, el éxito está asegurado. Así de sencillo. Más adelante te hablaré del Paso Dos pero te avanzo que, resumiendo mucho, el más exitoso de los empresarios multinivel, lo es porque ha conseguido que muchos componentes de su organización hayan logrado hacer un gran Paso Uno alcanzando los primeros rangos. Ni más ni menos, amigo mío.

—Ya pero es que no me gusta cómo presentan el negocio y además algunos no me caen muy bien.

—¿Crees que tú lo haces mejor por tu cuenta?

—Hombre, así hay más confianza y el clima durante la presentación es más relajado.

—A una presentación no vas a relajarte, vas a trabajar. Y te voy a dar una mala noticia, tus palabras todavía tienen poco peso específico. Aun no tienen ningún valor en cuanto a lo que el negocio se refiere. Lo siento, con esfuerzo y constancia esto cambiará, pero ahora es así. Es un hecho. Adquirirán su peso a medida que tu historia personal vaya ampliándose a base de experiencia, de superación de obstáculos y obtención de resultados. Y ahí comenzarás el Paso Dos con una buena base de negocio y de experiencia. El Paso Uno son los cimientos de tu negocio, y ya sabes lo que pasa si una casa no tiene buenos cimientos. Al fin y al cabo una presentación nunca debería dejar de ser alguien con una historia personal de superación y éxito recomendando el sistema con el que lo ha logrado. Ni más ni menos. Tranquilo estoy segurísimo que dentro de muy poco estarás haciendo unas presentaciones magistrales. Pero en esta fase inicial, debes apoyarte mucho en el equipo. También debes ir a todas las presentaciones que puedas para ir viendo los diferentes estilos e ir decidiendo cómo va a ser el tuyo. Habrá estilos que te gusten más que otros. Habrá unos socios que te caerán mejor que otros, pero no seas tan tonto de juzgarles tan rápido. Si tienen una historia de éxito sus palabras siempre tendrán más peso que las tuyas en esta fase inicial. Cuando ellos hablen de ingresos estarán hablando de sus realidades porque ellos ya están ganando un buen dinero. Ellos hablarán de su historia personal, de su experiencia real. Pero si tú todavía no ganas casi nada o poco y no tienes experiencia, ¿cómo vas a hablarles de ingresos o de otras expectativas? Esto es un sistema basado en un buen trabajo en equipo. En el Paso Uno deja que ellos presenten el negocio. ¿Tú te lanzarías en paracaídas con alguien que tuviese una experiencia de dos saltos? ¿O preferirías a alguien con más de mil saltos como yo? Delega en el equipo esa parte y tú ahora céntrate en mover personas a las presentaciones. ¿Qué crees que pasaría si en tu empresa ponemos al mozo de almacén en el puesto del director general y viceversa?

—Pues, conociéndoles, me imagino que sería un verdadero desastre.

—"Aprender a aprender" también implica aprender a delegar las distintas tareas a quien esté mejor capacitado para llevarlas a cabo. Al principio el ego, infectado de los dichosos virus, te jugará malas pasadas. Él siempre quiere ser el protagonista, pero para hacer un buen trabajo en equipo te tendrás que llenar de humildad. De hecho te aconsejo que jamás pierdas esa humildad, pues te hará el camino mucho más fructífero y productivo. Tu mejor activo en los negocios y en la vida es cultivar la humildad. Ella te ayudará a no caer en la segunda trampa letal. Además, haciéndolo por tu cuenta como lo has hecho hasta ahora, también te pierdes el poder de la "Tercera Palanca Mágica"

—¿La tercera palanca? —apunto en mi libreta mientras vamos saliendo del coche.

—Coge esa silla. Salgamos a disfrutar del sol hasta que Mary nos llame para comer. No creo que falte mucho. Te quiero enseñar algo.

Cogemos dos sillas antiguas pero robustas y nos dirigimos hacia la puerta del garaje. Observo cómo Joe coge un hacha que está junto a la puerta antes de salir. Nos sentamos y, tras unos segundos de silencio, continua.

—Es que para entender bien la Tercera Palanca primero quiero que reflexionemos sobre la importancia de las palabras. Como ya te dije, si cambias tus palabras cambias tu vida. Y te quiero poner un ejemplo. Quiero que me digas para qué sirve esto —me dice señalando el hacha, que ahora está apoyada en su silla.

—¿El hacha? Pues para cortar troncos principalmente.

Joe se levanta con el hacha colgando de su mano derecha, coge un tronco de madera que coloca sobre otro más grande, y en un alarde de maestría, suelta un hachazo fuerte y seco partiéndolo en dos trozos prácticamente iguales.

—¡Exacto! Tenías razón. Pero la pregunta es ¿sirve para otras cosas?

—¿A qué te refieres?

—Por ejemplo a esto —de pronto veo cómo le cambia la expresión de la cara afable de siempre y se torna en una expresión de perturbado mental. Entonces comienza a caminar hacia mí con el hacha en alto en claro signo de agredirme. No doy crédito. ¡A ver si este Joe es un psicópata! Me muevo hacia atrás tratando de escapar al inminente hachazo. Tanto me muevo que acabo cayendome con la silla hacia atrás.

—¡Ja, ja, ja…! Perdona Jorge. Estaba bromeando —escucho cuando, tras levantarme, ya estoy empezando a correr despavorido—. No quería asustarte tanto pero es que me ha salido la vena teatrera.

—¿Qué? Pues no ha tenido ni pizca de gracia. Casi me da un ataque al corazón.

—Te pido mil disculpas. Lo siento. No pensé que te asustarías tanto. Admite mis disculpas, por favor.

—Vale, vale, las acepto. Pero menudo susto me has dado Joe. Pensaba que se te habían cruzado los cables.

—Fuera de bromas. ¿Te das cuenta que el mismo hacha que me permite cortar leños para calentarnos con la estufa, también me podría servir para hacerte mucho daño? Pues con las palabras pasa exactamente lo mismo que con el hacha. Pueden hacer mucho bien y también mucho mal. Hay dos tipos de palabras, las habladas y las pensadas, porque piensas con palabras, y en tu idioma. Con las palabras habladas puedes hacer mucho bien o mucho mal a los demás. Y con las palabras pensadas, es decir, los pensamientos, ya hemos visto que puedes hacerte mucho bien o mucho mal a ti mismo, y por ende, a los demás. Cuando le reprochas algo a alguien, lo haces con palabras. Cuando mientes, también lo haces con palabras. Por otro lado, cuando reconoces el esfuerzo de alguien, también lo haces con palabras. Decirle a Sara que la amas, lo haces con palabras. Las palabras tienen muchísimo poder y, como cualquier poder potente, es conveniente controlarlo o se puede volver en tu contra. Con tus palabras puedes crear cielos, o crear infiernos. Puedes llenar de confianza en sí mismo a alguien o puedes crearle un trauma de por vida. Las palabras mal utilizadas son como magia negra. Así que no nos queda otra opción que tener mucho cuidado con lo que sale por nuestra boca. Pero es difícil hablar y escucharse al mismo tiempo para estudiar cómo nos expresamos. ¿No crees?

—Sí, sin duda es complicado. Sobre todo cuando estás nervioso. A veces no recuerdo ni de lo que he hablado por culpa de los nervios.

—Entonces subraya esto en tus apuntes. Es importante que grabes tus conversaciones de negocio siempre que puedas con una grabadora. Hoy en día nadie tiene excusa porque todos los teléfonos móviles llevan una aplicación para este fin. Ten en cuenta que te vas a dedicar a un negocio que requiere que aprendas a comunicar bien y necesitarás algo sobre lo que trabajar. Probablemente ya habrás oido este consejo, incluso varias veces, pero por mi experiencia, la realidad es que pocas personas se lo toman en serio. Y te vuelvo a repetir que es totalmente fundamental. Si lo haces te vas a sorprender. ¿Sabías que los actores pasan miles de horas frente al espejo para mejorar sus expresiones faciales y corporales?

—No conozco ningún actor, pero algo había oído.

—Pues tu espejo es tu grabación. Al escucharte podrás ver tus fallos y hacer los cambios necesarios para expresarte mejor con tus palabras. En este negocio es fundamental aprender a ser un buen comunicador.

—Trataré de hacerlo, Joe.

—En vez de tratar de hacerlo, hazlo. Pero vamos a por la tercera palanca. Verás, una cosa muy interesante que hacemos siempre con las palabras sin darnos cuenta, es crear imágenes en las mentes de otras personas. Hazme un favor.

—¿Cuál?

—¡No pienses en una jirafa blanca! —se crea un breve silencio que termina Joe con la esperada pregunta—. ¿Qué hay ahora mismo en tu mente Jorge?

—Una enorme jirafa blanca. ¡Ja, ja, ja…! —nos echamos ambos a reír.

—Creo que ahora ya podemos ir con la Tercera Palanca que es una de las más importantes.

—¿Cuál es Joe? Me tienes intrigado.

—"Utiliza el poder de la Edificación", amigo mío.

—¿La Edificación?

—Sí, has oido bien. Y te preguntarás qué vas a edificar. Pues como te acabo de demostrar con tu gran jirafa blanca, vas a edificar o a construir imágenes mentales con tus palabras. De hecho, lo haces constantemente al hablar, pero sin control. La edificación es fundamental y te sirve para varias cosas muy importantes. La edificación es crear una imagen de alguien, o algo, siempre positiva y sincera que transmites a alguien. Hablar siempre bien de tus socios de negocio es imprescindible. Esas palabras crearán una imagen positiva en sus mentes y las de los demás. Por ejemplo, y volviendo a tus presentaciones por tu cuenta, si hubieses contado con la colaboración de alguien de tu línea de auspicio para presentar el negocio podrías haberles hablado a tus contactos de él, o ella, y de sus resultados y experiencia. Con esas palabras hubieras creado una imagen de profesionalidad en sus mentes que les habría provocado un efecto atractor. El problema es que tú no te puedes edificar a ti mismo con palabras. A mí, personalmente, me gusta la edificación bien ganada con humildad, esfuerzo y resultados. A veces te lo pondrán muy fácil porque serán personas con las que tengas mucha empatía y admiración, y otras tendrás que edificar a personas a las que te cueste un poco más porque no haya tanta empatía. Pero recuerda que debes hacerlo también. Solo enfócate en sus virtudes, que seguro que las tienen, y muchas. Estáis en el mismo barco y remando en la misma dirección y, solo por eso, merece tu respeto y admiración. Deberás aprender a ver las virtudes de todo el mundo y ponerlas en valor. Algún virus mental nos hizo fijarnos demasiado a menudo en los aparentes defectos de los demás y poco en sus virtudes. Para hacer un gran trabajo en equipo, y así aprovechar realmente el sistema multinivel, es necesario aniquilar ese virus. Como veas a las personas, así serán antes o después. La ciencia también ha demostrado esto.

–Tienes razón. Hace poco leí un artículo sobre un experimento con estudiantes muy interesante sobre cómo la opinión del profesor sobre ellos tenía un gran impacto en sus calificaciones.

–También lo conozco y es muy revelador. Así que de ti depende enfocarte en sus virtudes y sacar lo mejor de ellos.

–Te prometo que trataré de enfocarme solo en las virtudes de todos mis socios. ¡Hasta en las de mi vecino!

–¡Ja, ja, ja…! Esa es la actitud, ese es el ánimo correcto. Aprovecha también la edificación para, sinceramente, reconocer los esfuerzos y avances de los miembros de tu equipo siempre que tengas oportunidad. Las personas, en general, tenemos un déficit de reconocimiento de nuestros logros. Por ejemplo, ¿tu jefe te reconoce alguna vez tu buen trabajo y dedicación, o se limita a pagarte el sueldo?

–Si te digo la verdad, no solo no reconoce mi esfuerzo sino que ni siquiera me agradece las horas extras que hago gratis.

–Sí, hay muchos jefes que no conocen lo importante que es motivar a sus empleados. Esas horas que él cree que trabajas gratis, en realidad le salen muy caras. Un empleado desmotivado hace lo justo para cumplir e irse a casa. Así que al final en vez de empleados tienen una oficina llena de zombis. La motivación despierta tus mejores aptitudes y virtudes, y la mejor forma de motivar a alguien es, además de pagarle lo que le corresponde, reconocer con palabras y gestos lo que hace bien. La motivación por sí sola no te llevará a ningún sitio, pero sin ella tampoco llegarás muy lejos. Reconocer los logros de tus socios sacará lo mejor de ellos. Alquimia, amigo mío, debajo de la capa de plomo siempre está el oro. La edificación es una palanca que no debes dejar de utilizar nunca si quieres alcanzar altas cotas de éxito en este negocio, y te diría que también en la vida.

–Sí, comprendo. La verdad es que cuando recibo palabras de ánimo de los socios con más experiencia en el negocio, mi nivel de motivación sube notablemente. Nunca vienen mal unas palabras de ánimo en un mal día.

–Entonces analiza cómo te han impactado esas palabras y entenderás por qué utilizarlas con los demás siempre que puedas. Pronto serás tú quien tendrás que motivar a muchas personas.

–Lo haré. Puedes estar seguro.

–Me dijiste que el momento de prospectar no lo llevas bien del todo.

–¿Por qué lo dices?

–Porque la edificación es la clave también para ese momento.

–¿La clave para prospectar? Explícame eso porque lo de prospectar es lo que peor llevo de todo.

–No solo tú amigo mío. Probablemente sea el gran reto de cualquier persona que hace este negocio. Sobre todo en el Paso Uno, claro. ¿Cómo lo haces tú?

–Bueno, les llamo o quedo con ellos y, aunque trato de explicarles lo menos posible, siempre me convencen para hacerles un breve resumen tanto del producto como del sector.

–Mal hecho.

–Hombre Joe… Algo tendré que explicarles.

–Verás, la edificación, por sí misma, es la mejor herramienta para mover gente a las presentaciones. Edificas el proyecto y edificas el equipo de empresarios que te están enseñando y ayudando, y les ofreces la posibilidad de conocer la información a través de uno de ellos muy exitoso. Así de simple.

–¿Ya está?

–Sí, ya está. ¡Ja, ja, ja…! Nuestra mente y sus virus complican todo mucho. Simplemente crea una imagen en sus mentes. No te pongas a explicar a alguien en el metro o algún conocido por teléfono de qué va el negocio aunque te pregunte. Por dos motivos que les convencerán si te insisten.

–Dímelos por favor.

—El primero es que es una información que, para entenderla correctamente, requiere de un lugar adecuado, de unas herramientas concretas y del tiempo necesario. No le pidas a un músico que interprete la quinta sinfonía de Beethoven en dos minutos, en el metro abarrotado de gente y con un violín al ique le falten dos cuerdas. O se interpreta correctamente o no se comienza. Punto.

—Tiene todo el sentido. La utilizaré sin duda.

—Recuerda también que, como ya te dije, ahora mismo tus palabras todavía no tienen el peso específico necesario. Todavía no tienes ni la experiencia ni los resultados necesarios para que tus palabras tengan la credibilidad suficiente. En ese momento solo tienes que crear interés, no presentar el negocio. Así que el segundo motivo que te evitará explicar nada es decirles que a ti te están enseñando, con lo cual todavía no se lo puedes explicar con la profesionalidad que ellos merecen, pero que puedes conseguir que lo haga otra persona bien cualificada para ello y con resultados reales. Que lo único que ibas a provocar es hacerle un lío, y que como ya te ha pasado antes, has decidido no caer más en ese error. Quítate de en medio. Edifica al empresario que va a presentar el negocio el próximo día e infórmale del día y la hora del evento. A continuación, sacas la agenda, apuntas sus datos y le avisas que le llamarás para confirmar su cita contigo porque últimamente estáis muy ocupados y si no puede venir, otra persona podría aprovechar su lugar. Edifica el equipo que te está enseñando a renovar tus metas con un sistema de negocio que está en pleno auge y que es accesible para cualquier persona, y agendas una cita para una presentación. No trates de convencerle con argumentos ni darle explicaciones en ese momento. No te servirán para nada más que para liarlo y alejarlo. Si quiere ir a la reunión que vaya y si no quiere ir, pues que no vaya. A ti te tiene que dar casi igual porque sabes que, como ya te he dicho varias veces, tu negocio no depende de él o ella, sino de tu convicción y de tu constancia. Es decir, de ti y solo de ti.

—Pero ¿y si me dicen que si no les cuento más, no asistirán?

—Ellos se lo pierden. No todo el mundo está dispuesto a mejorar su vida, por lo menos en ese momento concreto. Yo cuando comencé a tener un éxito visible solía recibir llamadas de personas que no quisieron escuchar la información cuando se lo propuse al principio. Tranquilo, ya vendrán. De hecho, te recomiendo hacer una rellamada o email anual a todos los que no quieran escuchar. La vida da muchas vueltas y tus más que seguros resultados, sumados a algún cambio que les haya acontecido en sus vidas, pueden hacerles cambiar de opinión. Las negativas se pueden convertir, y de hecho se convierten, con el tiempo en positivas, nunca lo olvides.

–Alquimia, claro. Gracias Joe, parecen cosas obvias cuando me las estás contando pero la verdad es que las hacia casi al revés.

–Y hay otra cosa de extrema importancia en ese delicado momento de prospectar además de la edificación.

–¿Cuál Joe?

–La autoedificación.

–¿Cómo? Pero me dijiste que yo no puedo utilizar las palabras para edificarme a mí mismo.

–Y así es. Pero la autoedificación no se hace con palabras.

–¡Ah! ¿Y entonces cómo se hace?

–Cuidando al máximo tu mejor producto.

–¿Mi mejor producto? Ya sé, te refieres a mí mismo.

–¡Exacto! Ya te expliqué que tú eres siempre tu mejor producto, así que debes cuidar mucho tanto tu imagen personal, como tu actitud y tu forma de expresarte. Esto es absolutamente fundamental. La mariposa tiene elegantes alas y tú deberás cuidar mucho tu nueva imagen. Debes meterte en la cabeza que ahora eres un empresario en los comienzos de su gran carrera, no un contable que hace horas extras para ganar un sobresueldo. La contabilidad es solo una forma de pagar facturas unos meses hasta que tu negocio ya te permita dejarlo definitivamente. Viste y exprésate como un empresario exitoso desde ya y avanzarás mucho más rápido. Además, hacerlo así te dará ese plus de seguridad en ti mismo que necesitas transmitir. La gente lo primero que ve no es el mensaje, sino al mensajero. No le puedes hablar a alguien de éxito empresarial sin una indumentaria y una actitud que se ajuste al mensaje que estás enviando. Es cuestión de coherencia entre el mensaje y el mensajero. Las grabaciones de las que hemos hablado te ayudarán mucho en esta parte tan importante del negocio. La plena confianza en ti mismo y en tu proyecto sumadas a una imagen profesional serán tus mejores aliadas en esos momentos tan importantes. De hecho, si no lo haces así, puedes llegar a convertirte en tu peor producto, en el peor enemigo de tu negocio. Recuerda que nunca no hay una segunda oportunidad para una primera impresión. Además tienes buena "percha".

—¿Buena percha?

—Sí, que tienes buen cuerpo. Que estarás guapo con un traje elegante.

—¡Ejem..! Joe, estoy casado —creo que he arriesgado un poco con la broma.

—¿Qué? Y yo también graciosillo —me lanza una colleja que esquivo por los pelos—. ¡Ja, ja, ja…! —me encanta cuando nos reímos juntos como dos niños.

—¡A comer! —oímos la voz con acento extranjero de Mary.

—¡Vamos Jorge! Hoy Mary ha preparado una receta de pollo con curry que es para chuparse los dedos. Te va a encantar, ya verás. Porque imagino que te gustará el pollo ¿no?

—Claro, claro. Además con este paseo tan bueno que hemos dado se me ha abierto mucho el apetito.

Alimento para el Alma

Según nos vamos acercando a la entrada de la casa comienzo a sentir un olor realmente delicioso. Está claro que Mary es una gran cocinera.

—Hola Jorge ¿cómo estás? —Mary me saluda mientras aparta una olla de los fogones.

—Bien Mary, muy bien, gracias. Eso huele que alimenta.

—Pues todavía sabe mejor, ¡Ja, ja, ja…! —Joe ya se ha sentado a la mesa y se prepara para hincarle el diente al pollo. Su mirada ahora se parece mucho a la de un niño a punto de recibir un premio—. ¡Vamos Jorge, siéntate!

Nos sentamos a la mesa. Joe alarga sus manos hacia ambos lados de la mesa abriéndolas en señal que nos cojamos de ellas. Mary coge su mano derecha y yo la izquierda. En ese momento, y de forma casi intuitiva, Mary y yo alargamos nuestros brazos cruzando toda la mesa para agarrar nuestras manos cerrando así el circuito. Entonces Joe, cierra los ojos y comienza a bendecir la mesa.

—Infinito, gracias por estos maravillosos alimentos que has traído hasta nuestra mesa. Te pedimos que sus nutrientes le den la fuerza a nuestras mentes y nuestros cuerpos para hacer de este mundo un lugar cada día mejor. También te pedimos que en todos los hogares puedan disfrutar de buenos alimentos como estos. Gracias también por concedernos todas tus bendiciones en este día, incluida la amistad de nuestro querido Jorge, con el que vamos a compartir estos benditos alimentos. Gracias Infinito –abre los ojos y nos mira mientras sonríe como un niño–. ¡Y ahora, a comer…! –Joe comienza a servir los platos.

A continuación comenzamos a disfrutar de este verdadero manjar. Mary me cuenta cómo se conocieron y Joe habla sobre los últimos avances científicos. Yo trato adaptarme a ambos temas sin olvidarme de saborear la deliciosa comida.

–¿Y vuestros hijos? –me animo a indagar un poco en lo personal.

–No, no hemos podido tener hijos –responde Mary.

–¡Oh! Lo siento Mary. Te pido disculpas.

–Tranquilo –Mary me tranquiliza ante mi metida de pata –. Ya está superado hace mucho tiempo. Pero ¿y Sara y tú? ¿Por qué no habéis tenido hijos?

–Bueno, cuando nos casamos hace tres años sí que estaba en nuestros planes tener un hijo, o incluso dos. Pero desde que nos casamos no hemos levantado cabeza económicamente. Además de la hipoteca de la casa que compramos, tuve que cambiar de empleo por el actual, peor pagado, porque mi antigua empresa cerró. Sara ahora solo trabaja media jornada… En fin, para ser claros, que lo seguimos posponiendo por falta de dinero.

–Que pena. Le pasa a más personas de las que parece –me responde Mary a la vez que alarga la mano para cogerme la mía cariñosamente–. Bueno, tranquilo, todo eso está a punto de cambiar. Ya me ha contado Joe que estáis trabajando para relanzar tu negocio de network marketing. He visto a muchas personas mejorar sus vidas al trabajar seriamente con Joe. Aprovecha la oportunidad y seguro que dentro de poco tiempo el dinero ya no será un obstáculo para que traigáis al mundo a esos niños.

–Lo haré Mary. Gracias por tu apoyo y por prestarme a Joe.

Joe me mira sonriendo a la vez que se levanta para traer una bandeja llena de fruta para el postre. Cuando se sienta coge una manzana y comienza a trocearla.

–Coge una. Nos las trae Manuel de su huerto. Su mujer es una maestra del cultivo ecológico ¿Te acuerdas de él? El pescador.

–Sí, sí, claro que me acuerdo. El pescador sonriente.

–Es importante cuidar el cuerpo con alimentos saludables. Nosotros siempre hemos tratado de comprar productos lo más naturales posible.

–Sí, nosotros también intentamos comprar comida de calidad dentro de nuestras posibilidades. Al final, te lo ahorras en médicos. Mi abuela siempre decía que "somos lo que comemos".

–Tu abuela tenía mucha razón. Es muy importante cuidar nuestro cuerpo con alimentos saludables para poder tener el ánimo correcto al enfrentarnos con los retos de cada día. Parece algo obvio pero cada día la gente se alimenta peor, con lo cual no lo debe ser tanto. Me alegro que tengas la conciencia de alimentar bien tu cuerpo, pero ¿alimentas igual de bien tu alma?

–¿Mi alma? ¿Alimentar mi alma? –Joe vuelve a la carga con sus sorprendentes planteamientos –. No te entiendo.

–Sí, tu alma. ¿Qué tipo de alimentos le das a tu alma?

–Te repito que no te entiendo.

–¡Apunta en tu libreta! "Cuarta Palanca Mágica: Alimenta tu Alma correctamente" –apunto aplicadamente las palabras sin entender a qué se refiere Joe con ellas–. Y digo correctamente, porque ya estás alimentándola sin saberlo. El problema es que probablemente le estés dando unos alimentos de baja calidad.

–Joe no entiendo nada.

–Vamos a ver cómo te lo explico Jorge. ¿Tú cuántas veces le das de comer a tu cuerpo físico al día? –me mira con rostro serio.

–Pues la verdad es que seguro que lo hago mal por no merendar algo, así que básicamente tres veces, desayuno, comida y cena.

–Tres veces, muy bien. Pues entonces también deberías acordarte de proporcionar buenos alimentos a tu alma tres veces diarias igual que a tu cuerpo. Aunque, sinceramente, me daría por satisfecho si por lo menos le dieses un buen desayuno matinal a partir de ahora.

–¿Un desayuno para el alma? Pero vamos a ver Joe, ¿qué alimentos le doy a mi alma?

–Es probable que el desayuno que le das actualmente a tu alma sean preocupaciones y prisas aderezado con una visión negativa del mundo de la que se encargan los informativos televisivos, o como los llama Mary, "desinformativos".

–No acabo de entenderte Joe. Explícamelo mejor, por favor.

–Verás Jorge, normalmente las personas se levantan por la mañana con las prisas en el cuerpo. Sus mentes rápidamente comienzan a visualizar posibles problemas y se desata el stress mental y la ansiedad. El día que van a vivir se tiñe de oscuro en sus mentes. ¿Te recuerda algo?

–Hombre pues sí, la verdad es que las mañanas están llenas de prisas y mi mente me suele traicionar bastante. Me levanto bastante negativo.

–Tranquilo, no eres una excepción. Esa negatividad es un efecto de los virus de los que hablamos antes. Ese tipo de alimento es fatal para nuestra alma y nuestro inminente día. Y seguro que para no escucharte tanto a ti mismo pondrás un rato el informativo matinal de la televisión. Y no solo el matinal sino también el de mediodía y el de la noche, coincidiendo con las comidas ¿O me equivoco?

–Hombre, pues no te equivocas. A Sara y a mí nos gusta estar informados.

–Verás, no quiero juzgarte a ti ni a nadie, pero la gran mayoría de personas acompañáis vuestras horas de desayunar, comer, y cenar de informativos televisivos. Y normalmente no son buenas noticias. Muy al contrario, suelen ser imágenes y noticias muy negativas. El periodismo de masas se ha vuelto excesivamente sensacionalista. Al verlos parece que no pasa nada bueno en el mundo. Es curioso lo poco que les interesa hablar sobre las noticias positivas. Según ellos, no venden, no interesan. Personalmente hace años que no veo un informativo. Me informo a través de otros medios más imparciales y positivos. Ya te aseguro yo que esos alimentos van a tener a tu alma muy débil para afrontar el día que comienza. Imagínate que le das a tu cuerpo alimentos en mal estado para desayunar. Seguramente tu día no iba a ser muy agradable visitando el cuarto de baño a cada rato. ¡Ja, ja, ja...!

–Ya, pero entonces ¿cómo alimento mi alma correctamente?

–En vez de correctamente, también podríamos decir conscientemente. Te diré lo que hacemos Mary y yo hace años. Cuando me levanto estoy unos minutos sentado en la cama agradeciendo que tengo un nuevo día para vivirlo. Es igual de importante darle buenos alimentos que no darle los malos, así que la televisión no se enciende bajo ningún concepto. En su lugar ponemos música alegre y optimista que le aporta a nuestra alma los "minerales" que necesitará. El desayuno lo acompaño con la lectura de algún libro de crecimiento personal que le aporta a mi alma las "vitaminas" requeridas. Incluso últimamente, y gracias a Mary que es la especialista en internet, nos ponemos videos de motivación. Hay videos en la red de gran calidad acompañados de mensajes de superación maravillosos. Recuerda el poder de las palabras. A la hora de ir a dormir también le agradezco al Infinito todas las cosas buenas que me han pasado en el día que termina. E incluso agradezco las aparentemente malas porque sé que son la semilla de otras buenas que están por llegar. Pero ya hablaremos más en profundidad del agradecimiento. Ahora lo importante es que Sara y tú dejéis de darle basura a vuestras almas y comencéis a darle alimentos felices y motivadores. Solo tienes que hacer el esfuerzo y probarlo. Los resultados son tan instantáneos como seguros.

–La verdad Joe es que eso de los telediarios lo he pensado muchas veces, pero no sé qué pasa que nos levantamos y encendemos la televisión casi inconscientemente.

–Por eso te decía lo de "conscientemente". La mente hace la mayoría de cosas de forma automática. Según los científicos, el cerebro consume muchos recursos, y entonces, para ahorrar energía, actúa de forma inconsciente ¡el 95% del tiempo! De ahí se crean los famosos hábitos, de los que seremos esclavos el resto de nuestras vidas. La buena noticia es que esos hábitos se pueden cambiar. Si cambiamos nuestros hábitos, cambiamos nuestra vida. Para ello deberás ser absolutamente sincero contigo mismo. Pero ya hablaremos también de los hábitos y cómo cambiarlos más tarde. Ahora lo que quiero, no es que creas, sino que experimentes tú mismo. Ponte música en vez de televisión, lee, y ponte videos de motivación a la hora del desayuno y, si te atreves, a la de comer también para afrontar la tarde. Para la hora de la cena, si te apetece ver algo en la televisión, que sea algo alegre. Si a la hora de ir a la cama haces como yo y empleas un minuto para agradecer el día que has vivido, descansarás mejor. Así, a la mañana siguiente tu actitud ante la vida será totalmente diferente. De pronto, notarás que estás más positivo y que las cosas te salen mejor. Estás reprogramando tu mente, aprendiendo a aprender, recuérdalo.

Joe le pide a Mary que busque uno de esos videos de los que habla. Mary muy servicialmente conecta el ordenador portátil y se pone manos a la obra. En menos de un minuto tiene preparado un video. Joe me pide que me ponga los auriculares para que me meta más en situación. Ambos se levantan y se dirigen a la zona de la cocina, con lo que me dejan solo en el sofá. Comienza el video. Aparecen imágenes de películas acompañadas de voces dando discursos con mensajes motivadores. La verdad es que, poco a poco, los apasionados mensajes van creando en mí una sensación de optimismo a la vez que de rabia por no esforzarme más por mejorar mi vida. Los oradores van subiendo el volumen de su voz a la par que los mensajes son más y más emotivos. Esos mensajes van despertando en mí unas emociones que van acrecentándose hasta que provocan, que en un momento dado, caigan unas lágrimas por mis mejillas. La intensidad de la emoción sube más y más. Ahora estoy totalmente emocionado. Joe tenía razón, ahora me siento tan capaz como obligado a hacer un cambio en mi vida. Realmente lo del video funciona. No pensé que la sensación fuera a ser tan impactante. Al terminar, me quito los auriculares, me reclino hacia atrás en el sofá con los ojos cerrados y respiro profundamente, tratando de recuperarme del subidón de adrenalina.

—¿Qué tal? —Joe se sienta a mi lado—. Te está saliendo motivación líquida por los ojos. ¡Ja, ja, ja…!

—¡Ufff…! —resoplo tratando de recuperar el aliento—. Sí, la verdad es que han sido unos minutos intensos en los que muchas cosas y situaciones han pasado por mi cabeza. Me he emocionado mucho. Es increíble lo que un video tan corto te puede hacer sentir. Joe, quiero hacer un cambio de verdad en mi vida. Estoy dispuesto a lo que sea.

—Bueno, bueno, tranquilo. Poco a poco. En este momento quiero que entiendas que, como has podido comprobar por ti mismo, las palabras son la antesala de las emociones, y éstas son igual o más importantes que las palabras. Las emociones mueven el mundo y una de las formas más eficaces de crear emociones es a través de las palabras. Tanto para bien como para mal. Los virus te los pasaron con palabras que te crearon emociones. Esas emociones son las que quedaron instaladas en tu disco duro. Cambia las palabras que pronuncias, piensas y escuchas, y cambiarán tus emociones. Cambia tus emociones y cambiarás tu vida. De hecho este negocio, aunque tiene sus argumentos lógicos, es básicamente una negocio emocional. Así que tendrás que ir familiarizándote con el control de las emociones. Las emociones son una especie de puntos de anclaje. Por eso al aterrizar ayer, te sugerí firmar el compromiso. Porque estabas lleno de una emoción muy positiva y potente. Hacerlo así hará que lo recuerdes siempre y lo asociarás con esa emoción positiva. Ahora quiero que me contestes a una pregunta, ¿crees que comenzarías igual el día o la tarde si en vez de impactar tu mente con toda esa basura de informativos, vieras un par de videos de este estilo?

–Por supuesto que no. Este video me ha proporcionado unas sensaciones que nada tienen que ver con las depresivas noticias de los telediarios. Algo han tocado en mi interior que me han dado unas ganas de comerme el mundo que hace tiempo que no sentía.

–Me alegro. La verdad es que son alimentos que tu alma agradecerá, y mucho. Eso sumado a no darle noticias negativas, y por lo tanto indigestas, provocará un cambio radical en tu actitud. Siempre hay momentos malos en la vida y en los negocios en los que nos dan ganas de tirarlo todo al traste. Recuerda que yo casi me tiro por un acantilado. Estas herramientas también nos vendrán bien en esos momento de bajón. La memoria es muy corta y nos tenemos que recordar una y otra vez este tipo de mensajes que nos enfrentan con nuestra verdadera naturaleza, que nos empujan a luchar por nuestros sueños. Otros que te darán mensajes de superación serán los miembros de tu equipo. Esa es una de las grandes ventajas de trabajar en un negocio multinivel, que no te faltarán personas para animarte e inspirarte. Pero, por el contrario, no esperes escuchar esas reflexiones que aparecen en el video de las bocas de tus amigos o familia. Por lo poco que me has contado no creo que ellos hablen de esas cosas, y menos aun en esos términos. Más probablemente te enviarán los mensajes contrarios. Así que tendrás que acudir asiduamente al encuentro de estos videos y libros que en muchas ocasiones serán tus mejores amigos y aliados. Pero como norma, alimenta tu Alma conscientemente varias veces al día y te aseguro que tu vida cambiará. Los momentos más importantes son al despertar y al ir a dormir. Aunque, como ya te he dicho, para empezar me daría por satisfecho si le dieses un buen desayuno a tu alma.

—A ver si convenzo a Sara para no encender la televisión. Ya te dije que le gusta estar informada.

—Ayúdala a entender lo que hemos hablado. Si no lo entiende y quiere seguir poniendo la televisión, no discutas. Bastará con desayunar con unos auriculares y ver los videos en el portátil. Ya lo entenderá. Prepárate para que las personas más cercanas a ti vean cambios que al principio no van a entender muy bien. Tranquilo, es lo lógico. Tienen su propio programa de cómo es la vida y su propia imagen de ti, y tú estarás mostrándoles otra forma de hacer las cosas a la que no están acostumbrados. De hecho, es una señal de que estás cambiando, de que estás haciendo las cosas de otra forma. Hacer las cosas de forma distinta te llevará a resultados distintos. Cambios positivos y constructivos solo pueden traer resultados positivos y constructivos. Lo importante es que no te desvíes de tu camino. Por cierto, no te pregunté qué te dijo Sara cuando le contaste lo de tu salto en paracaídas —se queda mirándome en señal de que le dé una contestación que no me apetece dar.

—Pues la verdad es que no le hizo mucha gracia. Ella es un poco miedosa y le asustó la posibilidad de que me hubiese podido pasar algún accidente. También me echó en cara que hayamos dejado de hacer algún viaje en avión por mi vértigo y que ahora me tirase en paracaídas. En fin, cosas de pareja.

—Sinceramente, creo que se tendría que haber alegrado por ti, por haber vencido tu miedo a la altura. Ya he notado varios detalles en los que parece que Sara no disfruta de que estés experimentando y aprendiendo cosas nuevas por tu cuenta. A mí nunca me ha pasado algo así con Mary, y llevamos juntos casi treinta años. Todos estos años hemos disfrutado mucho juntos pero jamás hemos supuesto un obstáculo en el desarrollo del otro. Siempre nos hemos respetado mucho en ese aspecto. No quiero decir, ni mucho menos, que tengas que terminar tu relación con Sara. Lo que debes entender es que Sara tiene cosas que aprender sobre la vida y sobre sí misma. Hasta que lo haga, tendrás que tener mucha paciencia y mucha confianza en tu criterio. ¿Sara te ha apoyado este tiempo en tu negocio?

—Hombre, pues la verdad es que no mucho. Desde el principio me dijo que ese negocio era una estafa y que me iban a tomar el pelo. Que lo único que iba a hacer era perder dinero y tiempo. De hecho nunca me ha acompañado a una reunión de negocio. Está un poco enfadada. Por eso tampoco le gustó la idea de que viniese aquí para aprender de ti sobre este tema.

—Mejor que de mí, yo diría que conmigo. Bueno, lo primero que quiero es felicitarte por haber comenzado tu negocio y luchado a pesar de ese gran inconveniente. Imagino lo mal que te lo habrá hecho pasar tu mente. Lo que todavía no sabe Sara es que gracias a hacer el esfuerzo de hacer un tiempo cosas que no os gusten, podréis hacer lo realmente que os guste el resto de vuestra vida. Dentro de poco se dará cuenta que lo estás haciendo también por ella. Para darle la calidad de vida que deseáis. Si ella supiese que ésta va a ser la llave para poder tener el hijo, o hijos, que deseáis y para darles una vida con mayúsculas, actuaría y opinaría distinto. Simplemente todavía no lo sabe. Paso a paso, amigo mío. Y por cierto, permíteme que haga otra vez de alquimista —me mira con cara de pícaro—. Te diré que esos problemas con Sara son, de nuevo, una bendición.

—¡Ya estamos con las bendiciones! —mi ceño se frunce de repente.

—¡Ja, ja, ja…! Te recuerdo que tu historia personal es la que te llevará de la mano al éxito. Y tu historia es como un archivo en donde tendrás guardadas una colección de pequeñas historias personales más concretas. En tu camino al éxito, vas a tener que ayudar a mucha gente a superar los mismos miedos que te atenazan ahora a ti. Dependiendo del momento y la persona compartirás con él o ella una u otra historia de tu colección. Compartirás la que más se parezca a la situación por la que está pasando tu interlocutor. Cuando vean que tú experimentaste algo similar y les cuentes cómo lo conseguiste superar, verán ante sus ojos la solución y la motivación necesaria para seguir luchando. Y la buena noticia es que a muchas personas les pasa lo que te ha pasado a ti con Sara y les podrás ayudar mucho con tu experiencia personal. Muchas veces las parejas, por lo menos al principio, son las peores enemigas de nuestro negocio. Este motivo provoca que algunas personas, más de las que nos gustaría, acaben dejando el negocio antes de entenderlo. Pero con un poco de paciencia y convicción, en la mayoría de los casos que yo he conocido, las parejas han cambiado su actitud cuando su vida ha comenzado a mejorar visiblemente. Incluso muchas de ellas, o ellos, han acabado siendo grandes empresarios también. Tienes que llenarte de confianza en ti mismo, de una fuerte convicción en tu proyecto y de amorosa paciencia. No te enfades con ella. Simplemente recuerda que ella también tiene sus miedos aprendidos, sus falsas creencias y sus complejos. Tú no debes ser su juez, sino su modelo. Debes darle los cuidados y cariño que ella se merece pero nunca a costa de tu desarrollo. Me viene a la memoria la última estrofa del poema de William Ernest Henley que hizo famosa la película *Invictus* sobre una parte de la vida de Nelson Mandela que, si no la has visto, no te puedes perder. Y dice así:

"No importa cuan estrecho sea el camino,

cuan cargada de castigos la sentencia;

Yo soy el amo de mi destino,

Soy el capitán de mi Alma."

Se crea un silencio ante la profundidad de la maravillosa y acertada estrofa. Si realmente quiero cambiar mi vida debo ser el capitán de mi alma. Debo tomar el rumbo que creo correcto. Yo sé que Sara me ama de verdad pero todavía tiene miedos aprendidos, como los llama Joe. Tendré paciencia con ella, con mi familia y con todos los que no me entienden ni apoyan. Voy a aprovechar sus dudas sobre mí para coger más fuerza. Me encanta la idea de apalancarme en esta energía. Les voy a demostrar a Sara y a todos los demás que estaban equivocados al no confiar en mí. Voy a aprovechar esta oportunidad porque no sé cuántas más tendré. Voy a esforzarme todo lo que pueda.

—¡Seré el capitán de mi Alma! —digo de forma espontánea en voz alta.

—¡Ja, ja, ja…! Me alegro de ver tu ímpetu y energía. Es señal de que estamos tocando las teclas adecuadas para que realmente hagas tu metamorfosis, para que saltes del nido que te mantenía pequeño e inseguro. Pero ahora vas a tener que permitir a este anciano que se vaya a descansar un poco. Tú haz lo que te apetezca. Estás en tu casa y ya sabes cuál es tu habitación si te apetece dormir un poco. Pero calcula el tiempo porque tendrás que prepararte. A a las seis en punto salimos.

—¿A dónde vamos? Lo digo por elegir el tipo de ropa.

—Nos vamos a un partido de basket.

—¿Basket? ¡Genial! —respondo tan sorprendido como ilusionado —. Desde niño me ha encantado el basket. De hecho, jugué en el equipo del colegio durante años y no se me daba nada mal. Era el experto en triples de emergencia en los últimos instantes del partido. Es curioso. Acabo de recordar aquella sensación de confianza de el entrenador en mí cuando me sacaba en los últimos segundos esperando el épico triple que nos diera la victoria.

—¿Y los solías encestar?

—Hombre, pues la verdad es que menos de lo que me hubiese gustado. Pero tengo que reconocer que ganamos algún que otro partido gracias a mis lanzamientos "in extremis". Por algo confiaba el entrenador en mí.

—Perfecto entonces. Así recordarás viejos y buenos tiempos.

—Sí, seguro que me trae buenos recuerdos. Además hace tiempo que no veo un partido en vivo. Bueno, pues luego nos vemos. Yo me voy a dar un paseo por tu maravillosa finca.

—Me parece un elección genial. Que la disfrutes tanto como nosotros. Hasta luego Jorge —Joe acompaña a Mary que también sube las escaleras hacia la zona de dormitorios.

Una Canasta Inolvidable

Tras un relajante paseo por este verdadero paraíso decido volver para darme una ducha y vestirme para el enigmático partido de basket. He aprovechado para echarle un vistazo general a los apuntes que voy tomando. Con lo que más he flipado es con esta manera de, como Joe lo llama, hacer alquimia. La verdad es que no exagera nada. A todo le da la vuelta, convirtiendo algo que da miedo en otra cosa que parece un regalo del cielo. Y con el sentido común reinando en todos sus planteamientos y ejemplos.

Acabo de arreglarme y al ir bajando las escaleras escucho una bella melodía que hace que la casa sea todavía más entrañable. Al llegar a la planta baja veo a Joe y a Mary bien guapos riendo mientras bailan.

—¡Hombre Jorge! ¿Te unes al baile? Aun tenemos unos minutos antes de salir.

—No gracias, soy un poco arrítmico.

—¡Ja, ja, ja…! Tu arritmia es como tu vértigo, una ficción mental. Ven aquí. Baila con Mary mientras voy un momento al despacho a coger algo. Ella es una experta. Cariño, quítale la tontería esa de la cabeza a Jorge.

—¡Ven Jorge! —Mary me indica con el movimiento de su dedo índice que de ésta no me puedo escapar—. No te preocupes, es muy fácil. Solo inténtalo y trata de seguirme. Mira, un, dos, tres, y otra vez, un, dos, tres…

Para mi sorpresa, con unos cuantos consejos de Mary, y tras los pertinentes pisotones, me doy cuenta de que… ¡estoy bailando! Todavía no salgo de mi asombro. Siempre he pensado que el baile no era para mí. Y lo más increíble, estoy relajado y disfrutándolo. También este ser tan angelical lo hace todo mucho más sencillo. Danzamos y danzamos. Es genial.

—¡Hombre, Jorge bailando! ¡Ja, ja, ja…! —ya viene Joe soltando una de sus características carcajadas—. ¿Qué te dije Jorge? Igual que con el vértigo. Solo hay que ver tu cara. ¡Pero si pareces un profesional! ¿Has visto cómo era solo un virus mental más? Cada vez que enfrentas y vences un pequeño miedo como éste das un paso de gigante en tu desarrollo vital. Mis más sinceras felicitaciones Jorge.

—Gracias Joe —le respondo sin dejar de bailar.

—Me da pena fastidiar este momento tan entrañable pero tenemos que irnos. Jorge, acuérdate de coger tu libreta por si acaso —me recuerda Joe.

—Muchas gracias Mary. Jamás olvidaré este momento tan bonito. Gracias por ayudarme a superar otro miedo. Prometo seguir aprendiendo a bailar con Sara.

—Deberías. Lo has hecho muy bien para ser la primera vez que bailas. Creo que tienes madera de bailarín.

—¡Vamos! —se oye la inconfundible voz de Joe—. Tom nos espera en el auto y no quiero llegar tarde.

Nos subimos al coche y en menos de media hora aparcamos en un barrio bastante humilde de la periferia en el que nunca he estado. Las instalaciones hacia las que nos encaminamos tras aparcar, también son más bien sencillas. Está claro que este equipo no juega ni en primera ni en segunda división. Al entrar en el recinto observo cómo mucha gente saluda efusivamente a Mary y a Joe. De entre toda esta gente surge un señor muy bien vestido que se acerca a la pareja y les da la bienvenida casi reverencialmente. Tras las presentaciones deduzco que es el presidente del equipo. Habla con un chico que, seguidamente, nos trae unas gorras del equipo local que nos ponemos de inmediato en señal de apoyo.

Joe nos aconseja a Mary y a mí que busquemos sitio en la única grada que hay y le esperemos allí mientras él habla algo con el presidente del equipo. El público es variado pero está formado principalmente por chicos y chicas bastante jóvenes. Todos muy bien equipados con camisetas y gorras del equipo local. Todo este ambiente me recuerda mucho a mis partidos del colegio. Eran momentos mágicos. Comienzan a llegar a mi mente reminiscencias de todos aquellos compañeros de equipo que hace tantos años que no veo. En momentos como éste es cuando te das cuenta de lo rápido que pasa la vida.

–¿Mary, qué equipo es éste que venimos a ver? Por las instalaciones no parece un equipo de élite –pregunto mientras limpio un poco los asientos con un pañuelo.

–No, claro que no es un equipo de élite. Es un equipo formado por chicos jóvenes de familias desfavorecidas. En este barrio el dinero no es lo que más abunda y Joe les ayuda económicamente hace años. Aquí antes no había ni siquiera una canasta. Joe siempre ha sido muy generoso con todo tipo de iniciativas que traten de mejorar la vida de las personas. Ya has podido observar que aquí nos quieren todos mucho.

–Bueno, el partido va a empezar –nos interrumpe Joe que llega cargado con palomitas para todos y se sienta entre los dos–. Hoy es un partido importante. Si ganamos nos metemos en los playoff de ascenso.

Es curioso ver tan ilusionado a Joe con este partido. El arbitro da el pitido inicial. Los chicos del equipo local no juegan nada mal pero el otro equipo tiene un jugador que está por encima de los demás tanto en altura y corpulencia como en calidad. De hecho, parece que tenga tres o cuatro años más que los demás. Esto supone una gran desventaja para los nuestros. Comienzan perdiendo el primer cuarto de cuatro puntos.

–¿Juegan bien mis chicos, eh? –me dice Joe aprovechando el descanso–. Ellos también han tenido que volver a aprender muchas cosas, como tú estás haciendo. Provienen de entornos muy complicados pero han aprendido a canalizar su potencial. Se han dado cuenta de que con la ayuda de un equipo, y enfocados en un objetivo común, se consiguen cosas que jamás soñaron. Varios chicos del equipo han sido fichados y están triunfando en ligas superiores.

—Eso es genial —le respondo asombrado una vez más—. Ya me ha contado Mary que te has involucrado a tope con estos chicos.

—Sí, una de las cosas que me ha permitido el multinivel es colaborar en muchos proyectos solidarios. De hecho, por motivos de salud, hace años que podríamos decir que mi profesión principal es la filantropía. Es maravilloso poder dedicarme a apoyar causas justas con el dinero que a mí me sobra y a ellos les falta. Ha sido una verdadera serendipia.

—¿Serendipia? Nunca he escuchado esa palabra.

—¿No? Verás, una serendipia es un hallazgo, tan afortunado como inesperado, que se produce cuando estás buscando otra cosa distinta. Por ejemplo, como le pasó a Alexander Fleming cuando descubrió casualmente la penicilina.

—¿Y qué tiene eso que ver con nosotros?

—Verás, cuando comienzas en un negocio multinivel, buscas un ingreso pasivo que te de la libertad financiera tan deseada por todos. Pero con los años y el progreso en el negocio ves cómo se te abren nuevas oportunidades que no imaginabas. Yo empecé, como tú y como todos, buscando dinero y libertad, y he acabado dedicándome a ayudar a muchas personas a mejorar sus vidas, tanto en el negocio con mi ejemplo, como fuera de él, como con estos niños. Y en ese proceso te das cuenta que el mejor de los logros es la persona en la que te has convertido por el camino, es decir, la mejor versión de ti mismo. Una maravillosa serendipia, ¿no crees?

—Pues sí. Esa parte del negocio la veo un poco lejos todavía pero tu ejemplo de superación, junto a tus sabias palabras, están haciendo que lo vea todo mucho más claro. Gracias de corazón Joe.

—No se merecen. De momento céntrate en hacer, y disfrutar, un gran Paso Uno. Cada cosa a su tiempo. Pero ahora te quiero hacer una pregunta. ¿Te has fijado en ese jugador del equipo contrario que sobresale sobre todos los demás tanto en estatura como en calidad?

—Sí, claro. Incluso parece varios años más mayor que los demás.

—¿Qué crees que pasaría si jugase él solo contra nuestros chicos?

—¿Solo? No tendría ninguna oportunidad. No podría ni sacar de banda.

—Pues eso es justamente lo que estabas haciendo tú con tu negocio. Apunta en tu libreta, "Palanca Mágica Número Cinco: Permite que el Sistema trabaje a tu favor". Aprovechar la fuerza del sistema es la mayor ventaja del multinivel sobre otros tipos de negocio. Y la parte más importante del sistema es, sin duda, la fuerza del trabajo en equipo. A mucha gente le cuesta trabajar en equipo pero los grandes proyectos siempre requieren de grandes equipos bien coordinados. La mayoría de veces, solo no se llega muy lejos. La buena coordinación y reparto de responsabilidades entre los miembros de un equipo hace a todos más fuertes.

—¿Por eso hemos venido al partido? ¿Para mostrarme lo mal que he trabajado yo en equipo?

—No, simplemente ha coincidido. Ya sabes que mi vida está llena de causalidades. Pero volvamos al tema. Tú estabas tratando de hacer el negocio por tu cuenta sin aprovechar la potencia del equipo. Y el multinivel no es un juego individual como el ajedrez, es un juego de equipo, como el basket. Y hasta en el ajedrez profesional, hay detrás un equipo de apoyo. Aprender a trabajar en equipo no es fácil pero es necesario. Aquí hay chavales jugando juntos que antes estaban peleándose en las calles. Han tenido que superar sus diferencias para jugar juntos. En algunos casos no ha sido fácil pero lo han conseguido. Tú me dijiste que algunos de tus líderes no te caían bien y que por eso preferías hacerlo por tu cuenta. Ese es un grave error en cualquier equipo de trabajo. Las diferencias hay que dejarlas en el vestuario, como hacen estos chicos, porque los conflictos internos hacen mucho daño a todos los componentes del equipo. En el basket, como en tu negocio multinivel, no hay términos medios, o ganan todos o pierden todos.

—Pero no puedo evitar que algunas personas no me caigan bien. Por ejemplo, me está empezando a pasar con mi vecino. No para de llamarme para ver si tengo personas para presentarles el negocio. Encima casi nunca veo invitados suyos. Y la verdad estoy cansado de sus exigencias.

–Yo no te estoy diciendo que te caigan todos bien. ¿Tú crees que todos los chicos del equipo se caen bien? Te aseguro que no. Pero han entendido que están condenados a entenderse si quieren ganar el partido. Ellos han aprendido que o ganan todos o pierden todos. El multinivel es un negocio de los que ahora llaman winwin. Para que a ti te vaya bien, tienes que conseguir que a tu equipo le vaya bien y viceversa. El problema es cuando los virus mentales atacan y comienzan los personalismos. La gente empieza entonces a ver su negocio como un juego individual. Y ese es, normalmente, su fin. Hay gente emprendedora que mataría por tener un equipo de personas dispuestas a ayudarle en todo. Y en cambio es muy frecuente que las personas que comienzan en este negocio cometan el error de no valorar esto. Es su mayor recurso y no lo utilizan porque "no les caen bien" sus líderes, como a ti. Debes mentalizarte de esto lo antes posible. Aprende de los chavales. De todas formas, me parece interesante lo que dices de tu vecino. Seguramente no le debe ir muy bien ¿me equivoco?

–No, no te equivocas. Varias personas se han ido del negocio enfadados por su actitud un tanto dictatorial.

–Con esa actitud no puede ser de otra forma. En estos casos, por cierto más frecuentes de lo que parece, es importante que busques más arriba, en tu línea de auspicio. Allí sí que hay gente con historias de éxito que sabrán cómo ayudarte mucho mejor que tu vecino. Tu vecino es tu upline pero no tiene ni la historia personal, ni la experiencia, ni los resultados que le precedan en su discurso. Él está cayendo de lleno en la trampa letal número dos. Está tratando de hacer el Paso Dos sin haber hecho un gran Paso Uno. Eso le lleva a presionaros porque cree que su negocio depende de vosotros. Mejor le iría si se centrase en seguir prospectando personas hasta hacer un gran Paso Uno y aprendiendo mientras tanto de los que ya tienen resultados. Las consecuencias las han sufrido los que se han ido, y tú has estado cerca de correr la misma suerte. Estas personas hacen mucho daño a las organizaciones porque la mayoría de veces los verdaderos líderes ni se llegan a enterar de estas problemáticas. De momento, en el Paso Uno, lo único que tendrás que hacer con ellos es perdonarles su atrevimiento, y buscar más arriba en tu línea de auspicio a las personas de tu equipo correctas para conseguir tus objetivos. Lo que diferencia a un verdadero líder de un upline, cuyo único logro ha sido entrar al negocio antes que tú y recomendártelo, son los resultados y la consiguiente historia personal de superación que les precede. Apúntate esa sensación con tu vecino en la cabeza para no cometer tú el mismo error con otros en el futuro. La clave es esforzarte para que sean tus resultados los que hablen por ti. Ya habrá tiempo en el Paso Dos de hacer talleres y de llevarse aplausos. Hasta entonces aprovecha la fuerza del equipo todo lo que puedas. Y en vez de pensar que no te caen bien, enfócate en las cosas buenas que tienen, que seguro que son muchas más que malas. Olvídate de tus prejuicios, y sus virtudes aparecerán ante ti como por arte de magia. Tu función en el equipo irá variando a medida que progreses en el negocio y, por ende, tu historia vaya adquiriendo consistencia. Si no utilizas bien esta palanca, podrás ganar un dinero durante un tiempo, pero jamás conseguirás la libertad financiera. Busca tus líderes y mentores ya. No esperes a que sean ellos los que te vean. Muestra interés y buena disposición a trabajar duro y, sin duda, tendrás sus puertas abiertas.

–No he tenido mucha relación con ellos, pero no dudes que a partir de ahora los buscaré más. Y por lo que se refiere a mi vecino, creo que le voy a enviar a freír espárragos el próximo día que me venga con exigencias.

–Tranquilo. Te dije que trates de perdonar su actitud. Son sus virus mentales los que le hacen actuar así. Muy por el contrario, ayúdale con tu ejemplo a hacer y entender las cosas de nuevo. Recuerda que la vida es como un gran espejo y nos devuelve todo lo que le enviamos. El séptimo compromiso te ayudará.

–¿El séptimo? Ehhhhh….. –pasan unos segundos que se me hacen eternos por no recordarlo mientras Joe me mira esperando que mi memoria reaccione–. ¡La paciencia infinita! Perdona por olvidarlo tan rápido.

–Tranquilo, todavía estás empezando a entender.

–Gracias por tu paciencia conmigo, Joe.

–Es un verdadero placer. Pero permíteme otra apreciación.

–Por favor Joe –le respondo bolígrafo en mano.

–Es bueno que te relaciones con tus líderes y con personas con resultados. ¿Recuerdas lo que hablamos de las neuronas espejo? Te vuelvo a repetir que estas neuronas hacen que imitemos sin darnos cuenta a las personas con las que nos relacionamos. A diferencia de otros negocios o de un empleo, el multinivel te da la oportunidad de socializar con personas emprendedoras, luchadoras y, en muchos casos, exitosas. Algo que tampoco es tan fácil en la vida cotidiana. Si te relacionas solo con "opinadores", acabarás no haciendo otra cosa más que opinar, como ellos. Si por el contrario te relacionas con "hacedores", acabarás haciendo cosas importantes. Si muestras la actitud y el trabajo bien hecho, tus líderes van a estar encantados de compartir contigo sus vivencias y su amistad. Centra tu atención en su forma de actuar. Si han logrado grandes resultados, es porque han hecho muchas cosas bien, es decir, han sido y son "hacedores". Tu negocio no depende de ellos pero con ellos a tu lado todo será mucho más sencillo. Cuando vayas a ofrecer el negocio a alguien, no te olvides de que también le estás ofreciendo la posibilidad de relacionarse con gente así.

El partido de basket llega al descanso mientras yo sigo apuntando en la libreta los matices de todos estos planteamientos para que no se me olvide nada. Miro el marcador y veo que ahora perdemos de ocho puntos. Esto está cada vez más difícil. Por los altavoces comienza a sonar música hasta que el señor que antes me presentó Joe se encamina al centro y comienza a hablar a través del micrófono.

—Buenas tardes a todos y gracias por haber venido a animar con tanta pasión a los chicos en este crucial partido para el ascenso. Como de costumbre vamos a proceder a lanzar la supercanasta por parte de alguien del público. Pero hoy no va a ser como siempre. Hoy tenemos una novedad de última hora. Hoy el lanzador, en vez de ganar una cena para dos personas si mete la supercanasta, no ganará nada.

—¡Ohhhhhh! —se oye el rumor del público al que no le ha gustado demasiado la noticia del cambio de reglas.

—¡Tranquilos, tranquilos…! —continua el presidente —. Porque a cambio, si entra la canasta, nuestro querido benefactor, el señor Goodman, donará al club una furgoneta para los desplazamientos del equipo.

—¡Ole, ole, oleeeee…! —escucho al público que vuelve a vibrar y animar mientras yo sigo apuntando cosas.

—Y también hay otro cambio de última hora. En vez de ser elegido el lanzador por sorteo, el señor Goodman me ha pedido que sea alguien concreto quien lance. Parece ser que fue un gran jugador en su juventud y tiene muchas posibilidades de conseguir que esa donación se haga realidad. Su nombre es Jorge Guzmán. Un fuerte aplauso para animarle.

¿He escuchado mi nombre o es que se me va la cabeza? Levanto la mirada de la libreta para mirar a Joe en busca de alguna respuesta.

—¡Venga Jorge, tienes que lanzar! —me dice Joe tan tranquilo.

—¿Qué? ¿Que tengo que qué...? —me dan ganas de soltar algún improperio por el susto pero me lo ahorro—. ¿Cómo me das estos sustos Joe? ¿Y ahora qué tengo que hacer?

—Es muy fácil. Solo tienes que tirar desde el centro de la cancha. Tranquilo, tú simplemente disfruta del momento. Recuerda tu época de jugador. Yo sé que tú puedes hacerlo porque yo creo en ti. Piensa en los chavales cuando viajen en su propia furgoneta, y concéntrate. No creas a tu mente, escucha a tu corazón. Simplemente relájate y lanza.

—Yo también sé que puedes hacerlo Jorge —me anima Mary alargando el pulgar de la mano derecha en señal de apoyo.

—Menuda responsabilidad Joe. Ya te vale —dejo de mirar fijamente a Joe para darme la vuelta y enfilar el camino hacia el centro de la cancha, en donde veo al presidente esperándome con la pelota en la mano.

—¡Yo puedo, yo puedo. Tranquilo! —trato de animarme a mí mismo hablado solo. Llego al centro de la cancha y, tras la pertinente presentación pública, e informarme de que dispongo de dos intentos, el presidente me entrega el balón. De pronto, excepto por algún grito de ánimo aislado, el silencio inunda la grada. Miro la pelota por un momento mientras respiro profundamente y trato de recordar cómo era mi estilo de lanzamiento. Intento convencerme a mí mismo, para quitarme presión, de que si no la meto no pasa nada. Aunque sería genial encestarla y conseguir ese vehículo para los chicos. ¡Está bien, vamos allá! Miro la canasta desafiante, boto la pelota varias veces, vuelvo a mirarla de nuevo haciendo los cálculos mentales necesarios. Me sitúo en el punto central de la pista y, sin dejar de mirar la canasta, lanzo con todas las fuerzas que creo necesarias.

La pelota sale volando hacia a la canasta. La dirección parece buena. A ver si llega. Desde tan lejos es fácil que no toque ni el aro. Son instantes que parecen más largos de lo habitual. De pronto veo cómo la pelota golpea la parte trasera del aro, pero no entra. Más bien sale disparada hacia arriba.

—Nada. Fallé. Era de esperar. Que pena porque ha estado cerca. ¿Me queda otro intento más, verdad? —pregunto al señor que todavía está junto a mí.

—¡Espera, espera...! —me responde sin dejar de mirar hacia la canasta.

Vuelvo mi mirada hacia la canasta y, sorprendentemente, veo que la pelota vuelve a caer sobre la parte más externa del aro que amortigua la fuerza que traía tras el vuelo. A continuación, golpea en el tablero. Y ahora, comienza a rodar sobre el aro como si se tratase de un espectáculo de malabares. Una vuelta, dos vueltas y tras la tercera parece que se va a salir definitivamente. Pero no. La pelota hace un extraño movimiento de rotación en sí misma y, para mi asombro, la pelota parece que termina entrando en la canasta. Oigo al público gritar al unísono a la vez que se levantan todos de sus asientos lanzando al aire gorras y bufandas.

—¿Ha entrado? —le pregunto al presidente sin creérmelo todavía.

—Pues claro que ha entrado —me contesta a la vez que me da un abrazo tan fuerte que casi me desmonta.

—¡Jooorgeeee, Joorgeeee....! —escucho a la totalidad público que llena la grada entonar mi nombre como si de un coro se tratase mientras aplauden sin parar.

Miro hacía donde están Mary y Joe. Les veo mirándome exaltados de alegría a la vez que ambos levantan sus pulgares en señal de lo que parece una felicitación a distancia. Les devuelvo el gesto. Todavía no lo creo. Esto es para flipar.

Tras las varias felicitaciones y el consiguiente abrazo del presidente, me dirijo de nuevo hacia la grada. Todo el mundo me felicita y me quiere dar la mano. Por momentos incluso me agobio un poco. Ahora ya sé lo que siente una estrella de rock con sus fans. Al llegar a la altura de nuestros asientos veo a mis dos amigos abriendo los brazos para, a continuación, fundirnos los tres en un abrazo. Los tres permanecemos unidos unos segundos inolvidables. Nunca olvidaré este momento.

—¡Todavía no me lo puedo creer! –les digo sin dejar de abrazarles.

—Te dije que tú podías –me dice Joe al oido–. Debes creer más en ti. Eres un crack.

No puedo dejar de alucinar con la canasta que acabo de meter, ¡y al primer intento! Tampoco puedo dejar de recordar las palabras, "yo creo en ti", que Joe me dijo antes de lanzar. La verdad es que son palabras que no he acostumbrado a escuchar en mi vida. Ya me habló Joe sobre el poder de las palabras pero ¿es posible que realmente tengan tanto poder como para influir en que ese lanzamiento entrase?

—Me has costado una pasta Jorge ¡Ja, ja, ja…! Es broma. Puedes sentirte orgulloso. Gracias a tu buen hacer has hecho felices a estos chicos.

—Gracias Joe, pero algo me ronda la cabeza. ¿Tú crees que las palabras de confianza en mí que me dijiste antes de salir a la cancha han tenido algo que ver con la canasta?

—Seguro. Ya estuvimos hablando del poder de las palabras. Las palabras son energía creativa, tienen verdadero poder. Y no solo las palabras habladas, sino como ya te dije, también las pensadas y las actitudes ante algo o alguien. Mis palabras no eran palabras vacías. Realmente las sentía en mi interior. Yo creo en ti plenamente. Lo único que falta en esta ecuación es que tú vuelvas a creer en ti. ¿Recuerdas tu compromiso número cuatro?

—¡Ummmm…! "Tener Confianza plena en mis facultades y en las de los demás" –respondo esta vez mucho más ágilmente que antes.

—¡Exacto, confianza plena en ti mismo y en los demás! Por eso te dije que es importante que te enfoques en las virtudes de los componentes de tu equipo, tanto uplines como downlines. Si crees de verdad en sus posibilidades y aptitudes, las tendrán. Creamos el mundo que experimentamos con nuestras creencias. El problema es que nuestras creencias están infectadas con los virus psicológicos de los que ya hemos hablado tanto. En consecuencia, nuestras realidades muchas veces no son como nos gustaría hasta que comenzamos a cambiar nuestra actitud ante el mundo, la vida y las personas. Debes tener confianza en las posibilidades de todos ellos. Si a tus downlines no les va bien, no dejes de creer en ellos. Simplemente ten paciencia y haz tu parte mostrándoles tu ejemplo día tras día. Cada uno tiene su propio proceso de desarrollo. Yo he visto gente que le ha costado meses o años entender todo esto, pero finalmente han tenido éxito. Y en algunos casos, mucho. Simplemente, respeta la velocidad de su proceso. Todo será mucho más sencillo. Debes creer en ellos, pero por lo que veo, debes empezar a creer más en ti mismo también. Dime Jorge, ¿por qué alguien va a creer en ti si tú mismo no crees en ti? De nuevo, es puro sentido común ¿no crees?

–Ya, pero no es tan fácil Joe.

–¿Y qué es más fácil? ¿No creer en ti?

–Hombre dicho así...

–No tiene mucho sentido. De hecho la vida se hace mucho más difícil cuando no crees en ti. Entonces ¿qué es lo fácil y lo difícil? Es todo muy relativo.

–Tienes razón. Debo aprender a confiar más en mí mismo. Te prometo que me esforzaré para creer más en mis facultades. De hecho siempre he pensado que estaba desaprovechado. Creo que éste es el momento de demostrarlo.

–No lo dudes. Y, por lo que he podido apreciar, también debes creer más en tu negocio. Si no, te será mucho más complicado ofrecerlo con total confianza. Pero luego seguimos con este tema. Ahora vamos a ver si los chicos son capaces de remontar el marcador de este partido tan importante.

–De acuerdo Joe.

El partido continúa bastante igualado durante el tercer cuarto aunque nuestro equipo lo termina perdiendo de once puntos. El público ahora está un poco apagado por el resultado adverso. En el pequeño descanso antes del último cuarto, veo cómo Joe, sin decir nada, se levanta de su asiento y se encamina hacia el banquillo local. Cuando llega se pone a hablar con los chicos como si de su entrenador se tratase. Después de algo más de un minuto de charla, y tras hacer el típico "grito de guerra" con los chavales, le da la mano al entrenador y se encamina hacia nuestra posición de nuevo.

Yo prefiero no preguntar y hacerme el despistado. El partido continua. Los chicos comienzan jugando mejor. Gracias a un par de canastas rápidas, que reducen la diferencia a siete puntos, el público vuelve a animar con entusiasmo. Van remontando punto a punto hasta que entran en el último minuto perdiendo solo de dos puntos. Todo el público anima sin cesar. No pensé que un partido de chavales iba a estar tan emocionante. En los instantes finales, uno de los nuestros mete un triple que nos pone un punto por delante y que nos levanta a todos de los asientos. Ahora el público ruge de nuevo más que antes. El equipo visitante saca de fondo pero, debido a la falta de tiempo y a la presión de los locales, acaban por hacer un lanzamiento que no toca ni el aro. Con el pitido final, toda la grada se abalanza sobre la pista. Levantan en hombros al chico responsable del último triple pero las felicitaciones y abrazos son para todos. Una inmensa alegría se respira en el ambiente. También nosotros bajamos a felicitar a los chavales. Las felicitaciones que también yo recibo de todo el mundo me recuerdan la canasta que todavía no me creo haber encestado. Todo son abrazos y sonrisas en este fin de partido tan emocionante. Ha salido todo redondo. Entonces, veo cómo Joe se dirige andando hacia los jugadores del otro equipo que están sentados en el suelo en el otro lado de la pista con caras tristes. Joe se sienta con ellos un par de minutos y a continuación todos se levantan le chocan la mano con caras mucho más alegres. Nos volvemos a reunir y, tras despedirnos de todos, comenzamos a abrirnos paso entre los asistentes para salir de las instalaciones

–Una pregunta Joe. ¿Qué les dijiste a los chicos para que remontasen el partido de esta forma tan formidable?

–Básicamente les dije que yo creía al 100% en sus posibilidades. Como a ti.

–¡Vaya! Otra causalidad.

–Ya ves que la vida es muy curiosa y está llena de causalidades cuando empiezas a fijarte en ellas.

–Ya veo.

Nos montamos en el coche y parece que nos dirigimos a la casa de campo de nuevo. Todavía no había visto a Joe con móvil pero saca uno de su bolsillo y parece que envía un mensaje a alguien.

–Joe, me parece increíble todo lo que ha pasado en el partido. Con unas simples palabras, han pasado milagros. No sé, a veces pienso si eres un mago o algo así.

–No eran simples palabras. Eran sentimientos sinceros que os transmití a través de palabras. Creía hace un rato y sigo creyendo ahora en ellos y en ti. Y no, no soy un mago. Ya sabes que me gusta más considerarme un alquimista. ¿Ya te has olvidado de la alquimia?

–No, claro que me acuerdo. Pero es que lo de hoy con mi canasta, además de alquimia, ha parecido obra de un verdadero mago.

–¡Ja, ja, ja….! –esta vez también Mary ríe–. Bueno, la alquimia y la magia tienen su similitud, sobre todo con las palabras. Podríamos decir que yo soy un mago con las palabras, como Mary, como Tom, como tú y como todo el mundo. Todos hacemos magia al hablar. La cuestión importante es que dependiendo del tipo de palabras que utilices, serás un mago blanco o un mago negro. Hablando de magos negros, saca tu libreta y apunta porque aquí viene la "Tercera Trampa Letal: Los chismorreos".

–¿Los chismorreos?

–Voy a tener que llevarte al médico a ver si tienes cera en los oídos. ¡Ja, ja, ja…! Verás Jorge, podríamos decir que los chismorreos son casi lo contrario que la edificación. En mis años de experiencia en multinivel, he visto unos cuantos equipos que se han desvanecido por utilizar las palabras para chismorrear sobre los demás componentes del mismo. Parece que muchos seres humanos padecen esta enfermedad mental. Y te digo enfermedad porque es una especie de ceguera. Son personas que ven claramente la paja en el ojo ajeno, pero no ven la viga en el suyo. Tampoco ven el daño que hacen a los demás. Ni tampoco ven que ese acto va en contra de sus propios intereses. No ven nada. Están ciegos. Son como magos negros que inventan o exageran rumores malintencionados. Normalmente, son personas frustradas que caen presa de la envidia, la cual, no deja de ser otro de los virus. Como te digo, hacen mucho daño a todos, incluyéndolos a ellos mismos. Todos vamos en el mismo barco. Si hablas mal de tu empresa matriz, también hablas mal de tu proyecto. Si hablas mal de tu equipo, también hablas mal de tu negocio. Los chismorreos son pura magia negra. Debes evitar hablar mal de las personas. Además, los rumores son muy contagiosos. Aléjate siempre de los que los utilicen porque ensombrecerán tu presente y tu futuro. Los "hacedores" no suelen chismorrear. Están demasiado ocupados persiguiendo sus sueños y no tienen tiempo para tonterías. Más bien son los "opinadores" los profesionales de esto. Sus opiniones no suelen edificar a nadie. Más bien critican sin comprender. Lo entienden todo demasiado rápido por lo que jamás entienden nada. Nunca caigas en esta trampa Jorge. Más bien edifica con buenas palabras y enfoca tu atención en las virtudes de todos tus socios. Actuar así te hará ser más sabio, más rico, y encima disfrutarás mucho más de tu negocio. Cuando te encuentres con alguien así, perdónale y respeta su proceso, pero no caigas en su trampa. Aunque tu negocio tampoco depende de ellos, deberás estar alerta para localizarlos y enfrentarlos educadamente para que cesen en sus chismorreos. A veces lo conseguirás y otras no, pero tú debes seguir tu propio rumbo. La mayoría de veces se acaban yendo ellos solos cuando ven que sus sórdidas técnicas han acabado con su propio negocio. Eso nunca falla, su organización se va al traste. Sé ejemplo del chismorreo y tu negocio se esfumará. Sé ejemplo de sincera integridad y tu negocio prosperará, a pesar de este tipo de personas.

Cuando llegamos a la casa de nuevo, Mary se adelanta y abre la puerta.

—Mary, cariño, ahora vamos nosotros. Quiero platicar algunas cosas con Jorge antes de la cena.

Mary se gira y con un guiño de ojo nos da su bendición. Parece que nos dirigimos de nuevo hacia el garaje.

—¿Sabes montar en bicicleta Jorge?

—Sí, claro. Hace tiempo que no la cojo pero se me da bien.

—Genial. Vamos a dar una vuelta. Tú montarás en la de Mary.

Tras los pertinentes ajustes de la altura del sillín, nos subimos a las dos bicicletas de montaña y enfilamos uno de los caminos de tierra. A medida que avanzamos vuelvo a quedarme prendado de la belleza de este lugar. Los colores de las miles de flores que contrastan con los distintos matices de verde, junto con la luz de este atardecer primaveral, crean un paisaje que me llena de una relajante sensación de paz.

—Ayer estuvimos hablando de águilas pero, ¿alguna vez has visto una de cerca? —me dice Joe sin dejar de mirar el camino.

—Pues la verdad es que no.

—Pues en unos minutos vas a ver de cerca un maravilloso ejemplar de águila real. Es un animal increíble. Te va a encantar.

Seguimos pedaleando y tras un montículo aparece otra casa de madera también preciosa. Hay un señor en la parte delantera con un bulto en el brazo. A medida que nos acercamos me percato de que es Manuel, el pescador. Al acercarnos más, el bulto va tornándose en una gran ave. Sin duda debe ser el águila de la que me ha hablado Joe.

—Buenas tardes Manuel —saludamos uno tras otro.

—Buenas tardes Joe. ¿Que tal Jorge?

—Muy bien Manuel. Gracias —respondo amablemente sin poder quitar mi mirada del águila.

Nos da la mano izquierda porque sobre su brazo derecho está posada la enorme águila de reluciente plumaje marrón. La especie de casco de cuero que tapa su cabeza, no esconde el poderoso pico que asoma en su parte delantera y se curva hacia abajo como si fuese un gran diente. Sus poderosas garras finalizan en retorcidas y oscuras uñas que se agarran al guante que protege el brazo de Manuel. Es un animal tan precioso como poderoso.

—¿Qué te parece Jorge? —Joe me mira a la vez que se acerca al animal para acariciar su plumaje suavemente—. Manuel, además de un gran pescador, es un experto cetrero. Todavía me cuesta creer cómo se entiende tan bien con este portento de la naturaleza —Manuel sonríe orgulloso de su ejemplar—. Manuel, por favor, pídele a esta hermosura que haga lo que te pedí en el mensaje.

—De acuerdo. Apartaos un poco, por favor. Os puede lastimar con las alas.

Tras retirarnos un par de metros Manuel le quita el casco de cuero que lleva en la cabeza. Aparece entonces su impactante mirada, que me deja sin palabras. Tras echar un vistazo a su alrededor, incluidos nosotros, el animal vuelve a mirar fijamente a Manuel, que interpreta unos silbidos un poco extraños. El águila le sigue mirando atentamente, como si comprendiese lo que le está diciendo. Es un momento sobrecogedor. Y entonces, con un movimiento de brazo de Manuel, el águila real extiende sus grandes alas, que aletea hasta salir volando.

—¡Guau! ¡Espectacular! —digo sin poder salir de mi asombro.

–Y encima ella es la que te va a enseñar parte de la siguiente lección.

–¿Quién? ¿El águila? –pregunto sin dejar de mirar al animal.

–¡Ja, ja, ja…! –esta vez ríen tanto Joe como Manuel–. Ya te dije que la naturaleza es una gran maestra. Ahora fíjate muy atentamente en su vuelo. A ver si te das cuenta de lo que te quiero mostrar.

–De acuerdo.

El águila tiene un vuelo majestuoso. No necesita aletear mucho sus poderosas alas. Mantiene la altura dando un par de grandes giros alrededor de donde nos encontramos hasta que pasa algo extraño. Poco a poco el animal deja de mover sus alas para únicamente planear dando giros mucho más pequeños. Deduzco, por la falta de aleteo, que ya va a volver al brazo de Manuel, pero contrariamente a lo que me he imaginado, el animal parece que comienza a subir. Cada vez la veo un poco más pequeña. Sus alas permanecen inmóviles. No ha dado ni un aleteo en varios minutos. La espiral ascendente continua y sigue subiendo, y subiendo. Hasta que su tamaño se reduce a un pequeño puntito en el cielo. En un momento dado, escucho un fuerte silbido de Manuel y el tamaño del águila vuelve a crecer, por lo que deduzco que, ahora sí, vuelve hacia nosotros. Parece que baja mucho más rápido de lo que ascendió. En pocos segundos el águila vuelve a posarse, tras un aterrizaje perfecto, sobre el brazo de Manuel que le da la bienvenida con algo de comer que le pone en su pico.

–Ven Jorge, acércate y mírala sin la caperuza –me sugiere Manuel muy amablemente.

–Es un animal impresionante. Tiene una mirada fascinante. Y su pico, es una obra de ingeniería de la naturaleza. Por curiosidad Manuel, ha bajado muy rápido, ¿qué velocidad ha podido coger? –imagino que mis comentarios denotan mi ignorancia sobre este tema.

–El águila real cuando va relajada, como al principio, vuela a unos 50 kilómetros por hora pero cuando ha hecho el picado para volver puede alcanzar los 240 kilómetros por hora.

–¿240 kilómetros por hora? ¡Madre mía! Con razón ha llegado tan rápido. Gracias Manuel por regalarme este momento con tu águila. Nunca lo olvidaré.

–De nada Jorge. Ha sido un verdadero placer. Cuando quieras repetimos.

–Sí, pero eso será otro día –Joe se monta en la bicicleta de nuevo instándome a hacer lo mismo–. Ahora nos tenemos que ir. Mary nos espera para cenar.

Nos despedimos de Manuel y volvemos por el camino por el que vinimos. Ya dentro de la finca, nos paramos en un banquito de madera que hay junto a un majestuoso roble.

–¿Cuál crees que era la lección del águila?

–No sé muy bien a qué te refieres Joe –él siempre con sus acertijos–. Quizás te refieres a que le ha costado más tiempo subir que bajar.

–En este caso me refiero a otra cosa, pero me parece una reflexión también muy interesante. La lección a la que yo me refería es que el águila te ha mostrado lo mismo que tu ofreces a cualquier persona que invites a conocer tu negocio multinivel.

–¿Cómo? A ver explícame eso Joe.

–¿Te has fijado cómo cuando el águila ha comenzado a subir era cuando no daba ni un solo aleteo?

–Sí, ha sido increíble cómo ha subido hasta casi perderlo de vista sin mover las alas ni una sola vez. Ha entrado en una especie de espiral ascendente.

–¡Exacto! En realidad estas aves rapaces son expertas en buscar corrientes térmicas de aire caliente que les permiten ascender con menos esfuerzos. Entonces, una térmica caliente, o espiral ascendente, es algo que les ayuda a conseguir más rendimiento con el mismo esfuerzo o incluso, como hemos visto ahora, menor.

–Muy bien, ¿pero qué tiene eso que ver con lo que yo ofrezco?

–¡Pues que tú también ofreces una espiral ascendente, ja, ja, ja...! –se incorpora hacia adelante.

–¿Cómo que yo ofrezco una espiral ascendente?

–Verás Jorge, el multinivel te ofrece un sistema que actúa como una corriente térmica, es decir, te ayuda a conseguir resultados que de otra manera sería casi imposible de alcanzar. Y no hablo solo de dinero, hablo de tiempo de calidad para los tuyos y hablo también de realización personal y profesional. Antes te dije que debes creer más en tu negocio y vamos a ver las ventajas que tiene este tipo de sistemas respecto a un empleo o a un negocio tradicional. Creerás más en el negocio cuando realmente comprendas la potencia que tiene. Eso hará una gran diferencia a la hora de ofrecerlo, de desarrollarlo y, sobre todo, de disfrutarlo. Yo las he llamado las "Superventajas del multinivel".

–Sí Joe, adelante por favor.

–Para mí, una de las más grandes superventajas del sistema multinivel es que lo puedes comenzar en tu tiempo libre. Eso es algo genial. Algo casi imposible si quisieras montar una empresa tradicional sin dejar tu trabajo. Por no hablar del dinero que te costaría ponerla en marcha. Y ahí tienes otra superventaja; este negocio, a diferencia de uno tradicional, lo empiezas con muy poco dinero. Incluso conozco algunos casos que han pagado el dinero de ingreso con la tarjeta de crédito y en muy poco tiempo ya habían zanjado la deuda y estaban ganando dinero. En realidad, no llegaron a poner dinero de su bolsillo gracias a otra superventaja, que comenzaron a generar ingresos rápidamente. En otros negocios puedes tardar años en generar beneficios netos. Yo, a mis años y con mis resultados, me da la risa cada vez que oigo a alguien quejarse de lo que cuesta entrar a estos negocios, que facturaron en total en 2015 más de 180.000 millones de dólares en todo el mundo. En un negocio normal inviertes, y arriesgas, muchísimo más dinero para empezar y luego tendrás que mantener al día los pagos de alquileres de locales, plazos de los créditos, sueldos de empleados, seguros, vehículos, proveedores… Pero lo peor es que estás solo ante el peligro y sin nadie con quien compartir tu verdadera situación. Y ahí aparece otra de las superventajas de la que ya hemos estado hablando antes, y es que nada más comenzar el negocio te encuentras con un equipo y una gran empresa dispuestos a ayudarte, guiarte y complementarte. La empresa se encarga de producir productos de calidad, no tienes que estar pendiente de la mayoría de los pedidos mensuales, ellos se ocupan también de los envíos si son necesarios y hasta te llevan las cuentas de tu facturación. Por otro lado, los líderes del equipo le presentarán el negocio profesionalmente a tus contactos y se ocuparán de ayudarles y formarles hasta que tú estés preparado para hacerlo correctamente. Realmente para comenzar el negocio adecuadamente, lo único que tienes que hacer al principio es mover personas a presentaciones, que ni siquiera tienes que hacer tú. Lo único que tienes que hacer es algo que hace todo el mundo constantemente sin que les paguen nada a cambio, recomendar algo que consideras que les puede mejorar su vida. ¿No es genial que te paguen dinero por hacerlo?

—Sí, es genial, aunque yo nunca me he movido por el dinero.

—Yo no suelo hablar de dinero, prefiero hablar de libertad. El dinero es una consecuencia y un medio para hacer otras cosas más grandes. Con dinero puedes crear las cosas más maravillosas que te imagines. La sensación que me crea el poder ayudar a esos chicos no tiene precio. Ver hoy sus caras de felicidad cuando metiste la canasta ha sido todo un espectáculo para mi alma. El dinero es una herramienta que, bien utilizada, puede ayudarte a ayudar. Y es que ayudar a otros te ayuda a ser realmente feliz. No hay auténtica felicidad sin servir de ayuda a otros. Dicen que el que no vive para servir, no sirve para vivir. Y esa es otra de las superventajas, que este tipo de empresas colaboran muy habitualmente con todo tipo de asociaciones. Tienes la sensación desde el primer día, de que tu esfuerzo sirve para algo más que solo para ganar dinero. Por supuesto, después están las acciones que quieras tomar tú por tu cuenta, o con tu equipo. La unión hace la fuerza y juntos podéis hacer acciones colaborativas con las que conseguiréis cosas que jamás nadie conseguiría por su cuenta. Recuerda una frase que me decía mucho Don José: "Todo lo que no das, lo pierdes".

—Eso que dices es muy bonito Joe. Y por supuesto que mi deseo es tener éxito y poder ayudar a otros como lo haces tú. Imagino que debe ser la mejor sensación que existe. Pero cuando estás agobiado por las deudas y tienes más facturas que ingresos no se ve la cosa tan fácil. Todo el día pensando a ver dónde recortar gastos para pagar facturas nuevas. ¿Cómo te sentirías si no tuvieses dinero ni para hacerle un buen regalo a tu mujer en su aniversario?

—¿Te has fijado que la gente que pasa más tiempo al día pensando en el dinero sois justamente los que tenéis pocos ingresos? Es paradójico, pero el dinero te da la posibilidad de no tener que pensar en el dinero. A medida que avanzas por la espiral ascendente del negocio te das cuenta de que el verdadero premio es la oportunidad de alcanzar la libertad. Ningún empleo ni ningún negocio tradicional te ofrecen la oportunidad de alcanzar la libertad financiera. Aunque hace años que no estoy realmente en activo por temas de salud, mis ingresos no solo siguen llegando cada mes, sino que siguen subiendo cada año. Esa es otra se las superventajas, que si lo desarrollas bien, no requerirá de tu presencia física. Ahora mismo, mientras estamos sentados en este maravilloso banquito en el campo, hay miles de personas de mi equipo desarrollando sus negocios y ayudándose mutuamente, con la consiguiente facturación que eso supone para mí. Yo, después de tantos años, todavía me sorprendo del poder de este sistema de negocio. Si hubiese tenido un empleo, en el mejor de los casos, tendría una humilde pensión para sobrevivir a duras penas mi vejez. Si hubiera sido un empresario tradicional, más me habría valido ahorrar durante toda mi vida. Tener un ingreso pasivo de este tipo es una verdadera llave a la libertad.

—Gracias por recordarme todos estos conceptos de esta forma. Realmente estás provocando una reacción alquímica en mi interior.

—¡Ja, ja, ja…! La alquimia es sorprendente. Me alegro de que estés entendiéndolo todo, y entendiéndote de nuevo a ti mismo. Es lo que pretendo. El oro casi siempre está debajo de una fina capa de plomo, amigo mío. De nosotros depende entenderlo y aplicarlo. Pero déjame que acabe antes de ir a cenar con otra de las superventajas que solo encontrarás en el multinivel. Puedes hacer socios y crecer ¡casi en cualquier parte del mundo!

—Ya pero yo no conozco a nadie en el extranjero Joe.

—¡Ja, ja, ja…! Ni falta que hace, ya se encargarán otros de conocerles. Este sistema es así de potente. Además, no conoces a nadie… todavía. Te sorprenderá la forma en que estos negocios, bien hechos, se expanden por otros países. Encima para este tema tenéis una poderosa herramienta que yo no tuve la suerte de disfrutar en mi época, internet. Tengo que reconocer que he llegado tarde a esta revolución digital pero Mary, con su infinita paciencia, me ha enseñado cómo hacer videoconferencias. Tú que perteneces a esta época descubrirás más usos, pero solo el hecho de poder hacer videoconferencias con cualquier parte del mundo en cualquier momento me parece algo impresionante. Es casi como si estuvieses allí. Para las líneas que empiezan en sitios en los que todavía no hay un equipo sólido es un recurso, más que útil, imprescindible. Va como anillo al dedo a este negocio, tanto para ayudar a esas líneas aisladas que empiezan, como para tu expansión nacional e internacional. Antes de lo que te des cuenta estarás viajando a otras ciudades y otros países. Siempre me ha causado gran impacto la sensación de llegar a un país en el que nunca había estado y encontrarme cantidad de amigos y socios recibiéndome con los brazos abiertos y ofreciéndose a ayudarme en todo lo que necesite. Me imagino que después de analizar todas estas superventajas estarás comenzando a creer un poco más en el negocio que ofreces ¿no?

—Por supuesto Joe. Un poco no, mucho.

—Pero encontrar tu espiral ascendente, con todas estas superventajas de las que te he hablado, solo servirá para ayudarte en tu camino, no para andarlo. El camino debes andarlo tú. Hazme un favor, súbete a la bici un momento.

Me subo a la bicicleta y le miro buscando la siguiente indicación.

—La bicicleta, como la palanca o la corriente térmica, es un sistema. Son sistemas que nos permiten multiplicar nuestro esfuerzo. La bicicleta te da la oportunidad de llegar a casi cualquier sitio ¿verdad?

—Si estás en forma me imagino que sí.

—Pero la bicicleta es un sistema que multiplica la fuerza, no la crea. ¿A dónde crees que llegarías sin pedalear?

—Pues está claro que a ningún sitio.

—Exactamente, a ningún sitio. El sistema y el equipo pueden ayudarte a muchas cosas menos a pedalear. Tu esfuerzo lo tienes que poner tú y nadie más que tú. Nadie puede hacer ese esfuerzo por ti. Ellos solo pueden ayudarte a multiplicarlo, nada más. Pero da igual por el número que multiplique un cero, porque siempre da cero. Trabaja para el sistema y el sistema trabajará para ti multiplicando tus esfuerzos. Concéntrate en ofrecer el negocio al máximo número de personas que seas capaz. Llévate el mayor número de rechazos que seas capaz de aguantar. Esa parte solo la puedes hacer tú. Tendrás que desarrollar la autodisciplina porque nadie del equipo te va a controlar las horas que trabajas, ni las personas que prospectas. No tener jefe debería ser una bendición, pero muchas veces se convierte en lo contrario por culpa de la excesiva autoindulgencia a la hora de hacer lo que hay que hacer. No lo que te apetece hacer, sino lo que hay que hacer. De hecho, lo que nos suele dar resultado a todos los emprendedores es esmerarnos en hacer bien lo que menos nos gusta del negocio, porque lo que nos gusta lo hacemos casi sin esfuerzo. Podríamos decir que la gente que tiene éxito es, sencillamente, la gente que ha hecho las cosas que otros no han estado dispuestos a hacer. Muchos se autoengañan a sí mismos diciendo que el negocio es difícil, que no conoce más gente, que los productos no sé qué…Y todo para no hacer lo que dicen que quieren hacer. Crean mil y una excusas para salir airosos. Pero tranquilo, si tú cumples con los compromisos que firmaste no tendrás ese problema porque la despiadada sinceridad que figura en uno de ellos disuelve la enfermedad de la excusitis al instante.

—Sí, ya hablamos de la excusitis antes.

—Perdona que a veces repita algunos conceptos pero es necesario. Para entender en profundidad las cosas a veces hay que verlas desde distintos puntos de vista. Espero no ser reiterativo.

—No importa Joe, no te preocupes. Me gusta mucho cómo me explicas las cosas. Tú eres el maestro. Además aprendiendo contigo uno no se aburre. ¡Madre mía! —digo con tono irónico.

—¡Ja, ja, ja…! —esta vez también reímos juntos.

—¡La cena! —Joe salta del banquito tras mirar el reloj y se monta a la bicicleta de un salto —¡Vamos, Mary debe estar a punto de servir la mesa!

El Rincón de Pensar

Tras una sencilla pero exquisita cena, con agradecimiento incluido, y de recoger la mesa en equipo, Joe me dirige una de sus penetrantes miradas y me señala con la mano en dirección al pasillo que hay junto a la escalera.

–Vas a ser una de las pocas personas que va a conocer nuestro Rincón de Pensar –me mira fijamente sin bajar la mano–. ¿Vienes o te quedas?

–Sí, claro. ¡Voy, voy…! Estoy deseando conocer ese rincón.

Los tres nos dirigimos hacia el pasillo en cuestión. A mitad del mismo nos paramos. Joe me mira sonriente y, a continuación, alarga la mano hasta un perchero que cuelga de la pared. Para mi sorpresa mueve el perchero hacia abajo, y este movimiento provoca que se abra ligeramente una puerta bajo las escaleras totalmente mimetizada con la decoración que nadie pensaría que existe; muy al estilo de película de espías. Entramos y comenzamos a bajar por una escalera alumbrada solo por una pequeña luz lateral, hacia el oscuro sótano. Joe se adelanta y se sitúa junto a un interruptor.

–¡Jorge, bienvenido a nuestro Rincón de Pensar!

Cuando Joe enciende las luces me quedo de nuevo boquiabierto. Aparece ante mí una gran estancia forrada en madera y libros. Debe haber cientos, o miles, de libros en las estanterías que cubren las paredes. También hay un precioso billar americano, una zona de lectura con dos sofás de estilo Chester, una diana para jugar a los dardos e incluso, en la esquina bajo la escalera, una sencilla barra de madera labrada con una pequeña cava de vinos. Los ventanucos en la parte superior están cubiertos por unas pequeñas persianas de madera. Es una biblioteca de ensueño.

–Joe es una pasada. Me encanta cómo habéis relacionado los libros y la lectura con los juegos. Es una biblioteca mágica.

–¡Ja, ja, ja…! ¿Biblioteca mágica? –se miran Joe y Mary y hacen un gesto de aprobación–. Me gusta cómo llamas a las cosas. Tienes mucho talento inventando nombres originales para las cosas.

–Sí, bueno, siempre me ha gustado leer y también me gusta escribir. Incluso tengo varios relatos cortos y cuentos escritos. Sara siempre me dice que los mande a alguna editorial a ver si me los publican.

–¡Vaya, otra maravillosa causalidad! –Joe sonríe como si mi comentario sobre mi afición a escribir le hubiese hecho gracia.

–¿Cuál Joe?

–Todo a su tiempo. ¿Cómo se te da jugar al billar Jorge? –me da un poco de rabia cuando Joe me da largas a alguna pregunta.

–Hace tiempo que no juego, pero después de lo de la canasta de esta tarde tengo la confianza por las nubes, así que no te lo pondré fácil para ganarme.

–¡Ja, ja, ja…! –los tres reímos como niños.

–¡Juguemos entonces! –me dice Joe colocando enseguida las bolas en su posición de salida.

Tras la partida, que lógicamente he perdido aunque me he defendido bastante bien, nos sentamos en los genuinos sofás Chester para unirnos a Mary, que se había quedado leyendo mientras nosotros jugábamos.

–Una pregunta Joe, ¿siempre bendecís la mesa?

–¿Bendecir la mesa? Nosotros lo llamamos "Agradecer los Alimentos". Sí, desde que conocí a Don José hacerlo se ha convertido en algo imprescindible. Por tu pregunta deduzco que vosotros no lo hacéis a menudo.

—No, la verdad es que con las prisas ni lo pensamos.

—Pues entonces vamos a tener que tratar este tema a fondo antes de acostarnos. ¿Has bajado la libreta?

—No, está arriba. Subo a por ella en un minuto —hago el ademán de levantarme para ir a buscarla.

—Espera, no importa, siéntate, acabo de recordar algo —se dirige a una de las estanterías y coge uno de los libros mientras vuelvo a tomar asiento.

—Toma, es un regalo para ti.

—¿Para mí? —coloca un libro sobre mis rodillas. Es más bien grande aunque no demasiado grueso. Deslizo mis dedos sobre su suave cubierta de cuero que no da ninguna pista sobre el contenido. Lo abro esperando encontrar algún texto legendario, pero para continuar en la línea de Joe, todas sus páginas están totalmente en blanco.

—¡Está en blanco Joe!

—¿No me digas? Eres muy observador. ¡Ja, ja, ja…!

—Venga, en serio Joe. ¿Quieres que tome apuntes en esta maravilla?

—No, claro que no. Para tus apuntes tengo ésta otra —me alcanza una libreta normal y corriente que hay en un cajón de la mesa de centro.

—Entonces, ¿por qué me regalas este libro en blanco?

—Me has dicho que te gusta escribir. Guárdalo para un momento especial, para cuando escribas tu primer bestseller. A lo mejor ahora no tienes tiempo o ideas, pero todo llegará. Guárdalo bien hasta entonces.

—De acuerdo Joe. Gracias, es un regalo maravilloso. Te doy mi palabra que algún día todas estas páginas estarán garabateadas con alguna gran historia.

—Recuerda tu primer compromiso cuando des tu palabra. Pero no nos vayamos del tema. Me preguntabas sobre agradecer los alimentos. ¡Pues escucha muy atentamente!

—Estoy preparado Joe, dispara.

—"Palanca Mágica Número Seis: Agradecer, Agradecer y Agradecer"

—Un poco reiterativo el título ¿no? —anoto

—¡Ja, ja, ja...! —algo debo haber dicho algo mal porque la prudente Mary también se ríe—. El día que dejes de prejuzgar las cosas darás un salto en tu desarrollo personal. Esas tres palabras significan tres cosas distintas.

—Pero si son la misma palabra Joe, ¿cómo van a ser distintas?

—Son tres tipos de agradecimientos diferentes —esta vez es la dulce voz de Mary la que me hace la aclaración.

—Nadie mejor que Mary para explicarte lo que me enseñó Don José sobre la gratitud. Yo voy a abrir una botella de vino. Es sábado y creo que nos hemos portado bien durante la semana ¿no? ¡Ja, ja, ja...! —Joe se dirige hacia la barra levantando los brazos en señal de dejar que sea Mary la que continue.

—Gracias Joe —Mary se gira y, tras dejar el libro que estaba leyendo sobre la mesa, me mira directamente a los ojos—. Verás querido Jorge, Don José le daba muchísima importancia a este tema, así que también me enseñó a mí el poder de la gratitud y la forma de utilizarla. Cuando aprendes a utilizarla, tu vida mejora drásticamente en todos los aspectos que te imagines.

—Pero ¿por qué tres veces Mary?

—Verás, el primer agradecimiento se refiere a agradecer tu pasado. Imagino que habréis hablado ya sobre perdonar el pasado.

—Sí, lo hicimos.

—Bueno, pues el siguiente paso es agradecer todas las cosas buenas y aparentemente malas que te hayan ocurrido en tu vida, en tu pasado.

—Las malas serán más complicadas de agradecer —replico.

—¿Estás a gusto aquí con nosotros? ¿Estás disfrutando con este momento?

—Sí Mary, claro. Estoy muy contento de estar aquí con vosotros. Sinceramente, os estoy cogiendo mucho cariño a los dos. Y os estoy muy agradecido por vuestros consejos y vuestra amistad.

—Y nosotros a ti Jorge. Pero sigamos. ¿Te duele algo o tienes alguna enfermedad?

—No Mary, no me duele nada ni estoy enfermo ¿Por qué?

—Entonces, por puro sentido común, debes agradecer todo tu pasado. Cualquier pequeño detalle que hubiese cambiado en tu vida, podría haber sido la causa de que ahora no estuvieses vivo, de una enfermedad, de un accidente grave que te hubiese dejado inválido, o simplemente de no habernos conocido y no poder disfrutar de estos días juntos. Todo podría ser muy diferente si cualquier pequeño detalle de tu vida hubiese sido distinto. Por lo que me han contado, en el accidente con Joe saliste con vida por milésimas de segundo.

Hace una pausa para beber, tras esta afirmación que me tumba literalmente sobre el Chester. Una extraña emoción recorre mi cuerpo entero. He tratado de no pensar en el accidente de esta manera pero tiene toda la razón. Estuve muy cerca de la muerte. Debo sentirme muy afortunado. Hago una profunda inspiración para recuperar el aliento y me incorporo de nuevo.

—Tienes razón Mary, estoy vivo de milagro. Puede que a partir de ahora celebre dos cumpleaños en vez de uno.

—Sí, pero lo que pudo ser un grave y mortal accidente, por milésimas de segundo, se transforma en un reencuentro de almas. Es curioso, pero con los años, te das cuenta de que los acontecimientos que nos parecen malos siempre llevan escondido algún regalo. Esos momentos son los que nos obligan a esforzarnos, a superarnos, a ser más pacientes o a ser más creativos. Son verdaderos maestros del arte de vivir. ¿Cómo no agradecerlos? Seríamos muy injustos si no lo hiciésemos. Los momentos buenos son para disfrutarlos y agradecerlos, los aparentemente malos son para aprender, y agradecerlos también. Verlo así te reconcilia con tu pasado, incluyendo a todas las personas que han pasado por tu vida. De esta manera, el agradecimiento nos ayuda a perdonar, que es lo que nos hace humanos. Poco a poco te reconciliarás con todo y todos. Y eso te lo hará todo mucho más fácil. El agradecimiento lo transforma todo.

—De nuevo, el plomo se transforma en oro. Vaya, eres otra alquimista. Debes tener un buen maestro.

—¡Ja, ja, ja....! —se oye la risa de Joe detrás de mí.

—Tienes razón, es pura alquimia —continua Mary con su delicado timbre de voz—. De hecho, el agradecimiento es la alquimia más potente que existe. Sigamos; el segundo tipo de agradecimiento es al momento presente. Como dice siempre Joe con uno de sus juegos de palabras, "No es más rico quien más tiene, sino quien más agradece lo que tiene". Y así es. Lo que no agradezcas es como si no lo tuvieses, como si no existiera. Y no hablo solo de cosas materiales, que también, sino también de cosas tan importantes como el cariño de los tuyos o la salud. Es curioso que la gente solo se acuerde de la salud cuando se enferma. Nunca se acuerdan de las cien billones de células que trabajan en cada instante en nuestro cuerpo para que puedan hablar, escuchar, pensar, ver y no digamos amar o agradecer. Están sanos, pero al darlo por hecho, no lo valoran y por tanto no lo agradecen. Dar por hecho las cosas es lo contrario de agradecerlas. Como solía decir Don José, "La salud no lo es todo, pero sin salud, todo es nada". También se suele dar por hecho que la mesa y la nevera están llenas de buenos alimentos y entonces se deja de agradecer; olvidando que hay millones de hogares en el mundo sin nevera y con mesas casi vacías. Si cuando padeces alguna enfermedad pasajera agradeces todo lo que sigue funcionando bien en tu cuerpo, accederás a su enseñanza más profunda. La enfermedad puede llegar a ser una gran maestra. Agradecer el momento presente en su totalidad es valorar y disfrutar realmente la vida. Agradece el aire que respiras, la luz y el calor del sol, la sonrisa de un niño, el vuelo de una mariposa o el beso de despedida de Sara al salir de casa. Te aseguro que no estarán ahí eternamente. Pero no te olvides de agradecer también lo que no entiendes y lo que no te gusta, porque algo te están enseñando aunque aun no seas capaz de ver la lección en este momento. Agradece así, y comprueba por ti mismo sus efectos. Después elige si seguir como antes o seguir agradeciéndolo todo. Perdonar nos hace humanos, pero agradecer nos convierte en sabios. Agradécelo todo a cada instante y verás cómo se despliega la vida ante ti. Respóndeme sinceramente a una pregunta, si tú le hicieras a un amigo muchos regalos pero él no te los agradeciese ¿le seguirías haciendo regalos?

—Hombre, imagino que habría un momento que me cansaría.

—Pues al Infinito, como nos gusta llamar a la inteligencia que lo mueve todo en el universo, le pasa exactamente lo mismo, se cansa de hacer regalos y que no se los agradezcan. Agradece los regalos que te hace la vida cada día y recibirás más y más. Créeme cuando te digo que el Infinito está deseando hacerte todos los regalos que desees, pero antes deberás agradecer los que ya te ha hecho. No des las cosas por hechas. Puedes tener mucho dinero y ser muy desgraciado. Hay ricos que se suicidan. Y todo porque se han olvidado de agradecer lo que sí que tienen y lo que son. A veces un pequeño problema doméstico hace que se nos olvide la infinidad de regalos con que la vida nos bendice cada día a todos.

—Ya, Mary, tienes toda la razón, pero cuando vienen las facturas y no tienes para pagarlas es complicado sentir agradecimiento. Me asaltan pensamientos de frustración y de impotencia. Me siento un fracasado y un...

—¡Y ese es el peor error que puedes cometer! —me interrumpe de pronto Joe con voz rotunda—. Apunta en tu libreta porque, de hecho, es la "Cuarta Trampa Letal, la Autocompasión". Y me quiero poner serio porque aquí la palabra "letal" es totalmente literal. Éste es uno de los virus mentales más peligrosos. Autocompadecerte de ti mismo es un insulto a tu propio ser y a la vida misma. La autocompasión es de cobardes y solo puede actuar ante la falta de agradecimiento. De hecho, por sí sola es capaz de activar todos los virus psicológicos a la vez y hundirte hasta la más profunda depresión que te imagines, e incluso matarte. Ya sabes que a mí, tras convencerme de sus planteamientos autodestructivos, me llevó de la mano hasta aquel acantilado para acabar con mi vida. ¿Te das cuenta de lo que me habría perdido? Yo tuve mucha suerte ese día pero más gente de la que parece, vive en su mundo de autocompasión sin darse cuenta. Así que espero que la próxima vez que el virus de la autocompasión te ataque, agradezcas todo lo que sí que tienes porque es exactamente lo que dice tu segundo compromiso. En vez de compadecerte de ti mismo, haz alquimia y mira a ver qué moraleja puede tener esa situación. Te aseguro que siempre hay alguna lección por pequeña que sea. Pero si no encuentras ninguna, entonces espera, ya aparecerá. Muchas veces en cuestión de horas o minutos ya la habrás descifrado. Otras, tardarás años o décadas en hacerlo completamente. Ahí la paciencia será tu mejor aliada. Pero puedes estar seguro de que, tarde o temprano, aparecerá el beneficio o la enseñanza. La paciencia es otro de tus compromisos firmados, así que espero que no tengas problema. Pero de nuevo "la práctica hace al maestro", así que cada vez será más fácil y más rápido el proceso; hasta un momento en el que podrás ver una enseñanza casi instantáneamente en todo lo que te suceda. Te contaré una de mis pequeñas historias personales. Yo, durante la época que dormía en la calle me autocompadecía de mí mismo muchas veces al día. Pero había algo que, visto desde la perspectiva de los años, hacía muy bien y que además me daba los mejores momentos del día. Verás, para dormir en la calle solíamos taparnos por las noches con cartones para combatir el frío. Y yo era el único del grupo que tenía ¡una caja de cartón de una nevera! Era grande, incluso me podía estirar dentro. Cuando entraba en mi "suite", con mis cuatro cosas bien colocadas y con solapas que podía cerrar para que no entrase el frío, me sentía muy agradecido y afortunado ¡porque tenía una gran caja de cartón para dormir! De hecho, tengo la creencia de que fueron esos momentos de agradecimiento los que provocaron que Don José apareciese para transformar mi vida. Agradecimiento, alquimia y paciencia, un gran equipo. Discúlpame por la interrupción Mary, pero es que tenía que hacer esta pequeña acotación. Continua por favor.

—Ya nos conocemos Joe —esta vez la que sonríe socarronamente es Mary.

—Sí Mary, continúa por favor. Y usted, camarero, pónganos una copa de vino más por favor —ahora el de la guasa soy yo.

—¿Camarero? ¡Te voy yo a dar a ti camarero…! —Joe encaja bien la broma, aunque no puede evitar darme una cariñosa colleja en la nuca mientras me llena la copa de vino.

—Jorge, atento porque ahora viene la tercera y más incomprensible y mágica parte del agradecimiento. Agradecer el futuro —Mary no quiere que perdamos el hilo de la conversación. Y se lo agradezco porque sus últimas palabras provocan una tremenda curiosidad en mí.

—¿Agradecer el futuro? ¿Cómo puedo agradecer algo que todavía no ha pasado?

—Relájate y escucha atentamente. Agradecer las cosas de antemano, antes de que hayan sucedido, tiene un poder que a mí todavía me deja boquiabierta a diario. Agradece desde el corazón las cosas que deseas que sucedan con la misma intensidad como lo harías si ya hubiesen sucedido, y espera. Te aseguro que a mí me han pasado verdaderos milagros para los que hoy en día, aun no tengo explicación.

—¡Y a mí! —se pronuncia a Joe mientras ojea un libro.

—Ya pero entonces estaríamos hablando de algo parecido a la magia —replico un tanto confundido.

–Bueno, no es exactamente magia pero se parece mucho. Yo lo achaco al poder del Infinito que nos devuelve el agradecimiento con nuevos regalos. Pero Joe tiene una explicación más científica que me encanta escuchar. Sé que este tema te apasiona, así que adelante Joe, tu turno.

–¿Has visto qué buen equipo hacemos Jorge? –me dice Joe tras darle un cariñoso beso en la mejilla a Mary.

–Bien, para empezar, te diré que los seres humanos funcionamos como aparatos de radio.

–¿Qué? Joe tengo que reconocer que no dejas de sorprenderme. ¿Aparatos de radio?

–¡Ja, ja, ja…! –de nuevo reímos todos ante mi asombro–. Es ciencia así que lo vas a entender muy fácilmente. Me encanta la física cuántica porque con sus últimos descubrimientos está pudiendo explicar muchas cosas que antes pertenecían al campo de lo místico. La física ya ha demostrado que todo lo que percibes son vibraciones, que según sus diferentes frecuencias, nuestro cerebro traduce en colores, olores, sabores, luz, materia, agua… Incluso tú mismo vibras. Y ahí viene lo de la radio. Si en una radio cambias el dial, la emisora que se escucha también cambia. Dependiendo del dial que elijas sintonizar con una onda u otra de frecuencias distintas. Tú también puedes elevar o bajar tu dial interno. De hecho lo haces constantemente sin darte cuenta. Según cómo vibres, sintonizarás con situaciones y personas de esa misma frecuencia, como la radio. Si vibras bajo, como con la autocompasión, la emisora que sintonices no creo que materialice los eventos más agradables, pero si vibras alto atraerás eventos y personas de esa misma vibración. Así de simple, de alguna forma funcionamos igual que radios.

–Sí, pero entonces ¿cómo subo la vibración?

–Las emociones son la forma en que percibes y emites tus vibraciones. Es sencillo, según sientes, así vibras. Al igual que las vibraciones tienen distintas frecuencias, también existen distintas frecuencias o grados de emoción, desde la alegría y la paz en un extremo, hasta la depresión y la desidia en el otro. Ya te hablé un poco de la importancia de las emociones cuando firmaste el compromiso. Las emociones son el lenguaje del corazón y tienen el poder de resonar con todo lo que tenga su misma frecuencia, atrayéndolo. Los pensamientos, que también tienen su propia vibración, podemos utilizarlos para crear emociones, pero las que atraerán finalmente un tipo de cosas u otra serán las propias emociones. El problema no es que no tengamos buenas emociones, sino que estamos generando constante e inconscientemente emociones de baja vibración que automáticamente están resonando, y por tanto atrayendo, eventos y situaciones de la misma baja frecuencia. Antes hablasteis Mary y tú sobre la salud. Pues quiero que sepas que, por ejemplo, está demostrado por la ciencia que el stress es el peor enemigo del sistema inmunológico. Es decir, esa baja vibración tan común hoy en día, además de hacerte sentir mal, es el detonante de muchas enfermedades. En el multinivel, la gente se pregunta por qué no les van las cosas como querrían pero si viesen una película grabada de todas sus emociones diarias lo entenderían enseguida. Para llevar a cabo tu transformación personal tendrás que cambiar el dial de tu radio. No será fácil, pero es necesario.

—Pero Joe, si estoy triste o atosigado por las deudas, ¿cómo puedo conseguir sentirme alegre? Lo veo muy complicado.

—Es complicado, tienes razón. Pero aquí es donde vuelve a aparecer la gratitud como nuestra mejor aliada. Es una emoción que tiene una ventaja sobre las demás porque es mucho más fácil de generar consciente y voluntariamente que, por ejemplo, la alegría o la paz. De hecho será sentir intensa gratitud lo que te llevará hasta la alegría y la paz que siempre has deseado. Y recalco lo de sentir, porque no basta con solo pensar en agradecimiento, hay que sentirlo lo más intensamente que seas capaz. Por lo que se refiere a tu negocio, subir así tu frecuencia vibratoria atraerá las personas y las situaciones adecuadas para tu crecimiento. La gratitud es una especie de atajo o de truco para subir la vibración más rápidamente. Al principio ayuda mucho hacer una lista de todas las cosas por las que sientes agradecimiento en tu vida y tenerla siempre a mano. Cuando notes que te ataca algún virus que trata de bajar tu frecuencia, léela varias veces y siente la gratitud lo más intensamente que seas capaz.

—Perdona que te interrumpa Joe ¿Entonces el agradecimiento también me ayudará con todos los virus mentales de los que hemos hablado?

—Por supuesto. Todavía recuerdo como si fuese hoy cuando Don José me contaba que sus ancestros, los misteriosos y sabios indios Anasazi, ya hace muchos siglos descubrieron la batalla que existe en nuestro interior entre tu ser auténtico y los virus mentales de los que tanto hemos hablado ya. Hay batallas que ganarás y otras que perderás pero si no eres consciente de que hay una batalla, no lucharás. Tus virus te harán creer que tú eres así y bajarás los brazos. En ese momento eres un guerrero, cuya guerra está tomando lugar en tu mente. No puedes darte por vencido porque lo que hay en juego es demasiado importante, tu felicidad y, en casos extremos, tu propia vida. Respira profundamente y refrénate, como lo llamaba Don José, y vuelve a leer la lista de cosas para agradecer si hace falta, hasta que notes que tu vibración ha subido lo suficiente, hasta que el enemigo salga en retirada. Don José decía que había que tener disciplina mental veinticinco horas al día porque los virus siempre están al acecho. Cualquier pequeño malentendido puede transformarse en un gran drama emocional destructivo en un instante si no estamos alerta. La autocompasión, la depresión o el stress son algunos de estos enemigos. Son más habituales de lo que las personas nos dejan ver.

—¿Y si pierdo la batalla, como tú la llamas?

—Todavía perderás batallas, pero entendiendo cómo funciona y con la disciplina necesaria, cada vez serán menos; y las que pierdas no serán ni tan duraderas ni tan dramáticas. Esta tarde me hablabas de espirales ascendentes. Pues también existen las espirales descendentes de las que hay que salir cuanto antes para retomar el rumbo correcto, es decir subir nuestra frecuencia vibratoria.

—Y sintiendo un profundo agradecimiento por todo es la manera más eficaz de subir esa frecuencia —apunto.

—¡Exacto! Utiliza siempre que puedas este poder que la vida nos brinda. Sentir agradecimiento por todo es una característica común a todas las personas que han hecho su metamorfosis personal.

—Chicos, me encanta esta conversación pero yo estoy cansada. Así que, si me perdonáis, me voy a ir a la cama a descansar —dice Mary medio bostezando.

—Sí, yo creo que te vamos a seguir todos. Hoy ha sido un día largo e intenso —Joe se apunta al descanso—. ¿Tú qué dices Jorge?

—Sí, lo mejor será ir a descansar. Yo también estoy cansado.

—No te olvides de agradecer lo que viviste y aprendiste hoy —me recuerda Joe.

—¡Han pasado tantas cosas…!

—¡Ah, se me olvidaba! Mary y yo solemos salir a caminar por las mañanas para estirar las piernas y oxigenar el cerebro. Imagino que no tendrás problema en acompañarnos.

—En absoluto. Será una buena forma de comenzar el día.

—De acuerdo. Pues entonces nos vemos en la cocina para desayunar a las ocho en punto.

—¿A las ocho? ¡Pero si mañana es domingo…!

—¡Ja, ja, ja…! Menudo perezoso. Ya sé que es domingo, por eso quedamos a las ocho. Si fuera lunes te hubiese citado a las siete. Además, es medianoche, tienes mucho tiempo para dormir.

—¡Ya, pero es que los domingos…! —le digo bromeando.

—¿Los domingos qué? —me dice Joe mirándome tan fijamente a los ojos que casi me siento intimidado.

—No, nada, nada. Entonces nos vemos mañana a las ocho en punto.

—De acuerdo. Buenas noches Jorge. Que descanses.

—Buenas noches pareja. Hasta mañana.

El Fulcro Mágico

Son las ocho en punto y me dispongo a bajar las escaleras cuando me invade un delicioso olor a pan recién hecho que automáticamente me abre el apetito.

—¡Buenos días! Aquí huele que alimenta.

—¡Buenos días Jorge! Es el aroma del pan de semillas que hace Mary. Acompañado con un poco de aceite de oliva es un verdadero manjar. Ven, pruébalo —me anima Joe haciendo un gesto con la mano para que me siente a la mesa.

Todo está buenísimo. Y tras un par de tazas de té verde y varios videos de motivación que visualizamos en el portátil de Mary que me llenan de positividad, estamos más que preparados para el paseo. Esta vez enfilamos el camino del lago. A los pocos metros me doy cuenta de que esto no va a ser un paseo, porque me sorprende la velocidad que llevamos.

—Oye, vais muy rápido ¿tenéis prisa?

—¿Y tú siempre eres tan flojo? Calla y anda. ¿Es que no vas a poder con el ritmo de dos ancianos como nosotros? ¡Ja, ja, ja…! —

ambos ríen mientras se miran como dos enamorados adolescentes.

–Vale, vale, es que pensaba que iba a ser un paseo. ¡Vamos, vamos…! –asumo que solo me queda una opción así que me callo y me concentro en el camino para no tropezar.

Seguimos en silencio, roto solo por el canto de los pájaros, a un ritmo que me está empezando a costar seguir. Es increíble la forma física que tienen para su edad. Mary, al ver mi sofoco, me ofrece amablemente una botella de agua que acepto y disfruto sin dilación. La breve parada para hidratarme me obliga a correr para volver a alcanzarlos. Cada vez me cuesta más seguirles. Lo que está claro es que no estoy en forma. Estoy haciendo el ridículo de nuevo. Una sensación de vergüenza se apodera de mí.

Finalmente, tras unos cuarenta minutos, llegamos a la casa. Yo me siento en el porche totalmente desfallecido. Estoy tratando de recuperar el aliento respirando profundamente cuando Joe se sienta a mi lado.

–Por lo que veo debes mejorar tu estado físico Jorge –me dice a la vez que me da un vaso de limonada fresca que me sabe a gloria.

–Eso mismo estaba pensando yo.

–Ayer te dije que hoy hablaríamos de los hábitos, pero no sabía que era tan urgente ¡Ja, ja, ja…!

–No seas cruel Joe –le recrimino en vista de su falta de comprensión.

–Perdona Jorge, no te ofendas. Vamos a ducharnos. Así te recuperas y podremos seguir con lo nuestro.

–Gracias Joe.

Tras una relajante ducha, Mary me indica que me dirija a la biblioteca en donde me encuentro a Joe mirando unos papeles que hay extendidos sobre la mesa de billar. Cuando me acerco veo que son unos grandes mapas que parecen antiguos.

–¿Vas a emprender algún viaje Joe?

–¡Cada día vivo es un viaje, amigo! Pero no, hoy no me voy de viaje, los mapas son para explicarte algo. Hoy quiero que prestes mucha atención porque vamos a tocar temas muy importantes.

–Pues adelante Joe. Estoy listo –le digo a la vez que me preparo para tomar nota de todo.

—Verás Jorge, ya te dije ayer que para conseguir cualquier objetivo o logro en la vida que realmente valga la pena hay que hacer ciertas cosas de cierta forma y dejar de hacer otras. Es decir, cambiar nuestros hábitos tanto mentales como físicos. Eso es válido para los negocios y para la vida. Ya te dije también que el cerebro funciona en piloto automático la mayor parte del día. En ese tiempo están conectados los hábitos que hayas generado. El ser humano es un animal de hábitos, y eso no lo podemos cambiar. Pero lo que sí que podemos hacer es cambiar de hábitos. Lo que realmente te llevará a lograr cualquier objetivo que te propongas será desarrollar los hábitos correctos, y así eliminar los incorrectos. Curiosamente, mucha gente quiere cambiar sus hábitos pero no son capaces. Quieren hacer ejercicio pero no lo hacen, quieren ser más constantes pero no lo consiguen, quieren mejorar sus ingresos pero no hacen nada para conseguirlo. A lo mejor comienzan bien una semana pero cuando se dan cuenta ya llevan meses sin recordar su objetivo.

—Es que es complicado. Parece que están muy arraigados en nosotros. A mí me ha pasado muchas veces algo como lo que dices.

—Sí, sobre todo el día 1 de Enero ¡Ja, ja, ja...! Todo el mundo se marca objetivos de cambio de hábitos ese día que casi nadie los recuerda una semana después. Y todo porque lo hacen mal.

—¿Mal? ¿Qué es lo que hacemos mal?

—Os quedáis en la superficie del problema. Te contaré otra historia personal de mi colección. Verás, habrás notado que en esta casa no somos fumadores.

—Sí, claro que me he percatado. Además, si fumaseis no podríais andar así.

—Pues aquí donde me ves yo era fumador. Don José se enfadaba mucho conmigo por ello, pero ese hábito se había enganchado a mí y por más que lo intentaba no podía dejarlo. Probé todos los métodos que encontraba pero cuando quería darme cuenta, ya me estaba encendiendo otro cigarrillo. Ese maldito hábito incluso me costaba mis enfados con Mary. Y un día me pasó algo asombroso. Un médico me dio la solución para mandar a paseo el vicioso hábito ¡en menos de cinco segundos!

—¿En menos de cinco segundos? No puede ser. Cuenta, cuenta —la curiosidad me invade.

—Con solo una breve frase el hábito desapareció.

—¿Una sola frase? ¿Se trataba de un médico que utilizaba hipnosis?

—No, ni mucho menos. Yo estaba bien consciente en todo momento.

—Entonces, ¿cuál es esa frase tan poderosa Joe?

—Muy fácil. El doctor me dijo: "Tiene usted un cáncer de pulmón" —me quedo pasmado ante la frase sin saber muy bien qué decir.

—Pero… Bueno… Vaya… Lo siento Joe. ¿Pero estás recuperado no?

—Sí, lo estoy, ya pasé mi proceso. Gracias a los doctores y a Mary, que me obligó a ir a la consulta. Fue complicado pero finalmente se convirtió en un proceso alquímico, ya que además de dejar de fumar instantáneamente, comencé a darle mucha más importancia a la salud. No solo dejé el hábito de fumar, sino que cambié otros hábitos que también eran perjudiciales. Casi sin darme cuenta, comencé a alimentarme mejor y a hacer más ejercicio. Seguramente, aunque suene raro, aquella noticia me salvó la vida. Me obligó a hacer alquimia con mi cuerpo. Ahora tengo veinte años más pero me siento mucho mejor que entonces.

—Otra vez la alquimia.

—Así es la vida. Más vale que lo vayas aprendiendo. Te estarás preguntando qué tiene esto que ver con tu negocio.

—Estoy deseando saberlo.

—¡Pues escucha bien porque éste es el punto más importante de todos! —me mira fijamente y continua—. ¿Sabes lo que es un fulcro?

—¿Un fulcro? Ni idea Joe —vuelve a dejarme pasmado.

—Un fulcro es el nombre técnico de lo que coloquialmente llamaríamos el "punto de apoyo" para una palanca. Te he dado las palancas mágicas para aprovechar mejor tu negocio pero ya sabes que cualquier palanca necesita un punto de apoyo para funcionar. Sin él la palanca no es más que una barra de hierro más.

—Sí, claro.

—Pues entonces, hecha la aclaración, apunta. El Fulcro Mágico es, "Encuentra tu Motivacción".

—Perdona Joe, creo que lo escuché mal, has dicho "motivación" ¿no?

—¡Ja, ja, ja…! No, creo que sigues bien del oido. Dije "Motivacción" con dos letras "c".

—¡Motivacción!, nunca había oido esa palabra.

—Es un palabro, invención de Don José, que surge de juntar las palabras "motivación" y "acción". Por tanto, la Motivacción es la motivación que te empuja irremediablemente hacia la Acción Correcta. No es una motivación cualquiera, es diferente porque cambias los hábitos que sean necesarios sin ningún tipo de demora. Es el "Porqué" para hacer los cambios de comportamiento necesarios para alcanzar una meta concreta. Para conseguir cualquier meta primero debes saber por qué quieres alcanzarla, o no harás los esfuerzos y los cambios de hábitos que el objetivo requiere. Mi Motivacción para dejar de fumar me la regaló el médico con aquella frase. ¡Y dejé de fumar en segundos! Entonces me di cuenta que lo que Don José me había dicho tantas veces era totalmente cierto. Los poderosos y maliciosos hábitos no tienen ningún poder cuando encuentras tu verdadera Motivacción. Ella te mueve a tomar las acciones necesarias para conseguir tu objetivo. Sin un punto de apoyo, sin el fulcro, una palanca no sirve para mucho y aquí nos pasa lo mismo con nuestras Palancas Mágicas. Si no encuentras tu verdadera Motivacción no te servirán de casi nada, ni cambiarás ningún hábito de forma duradera. Te quedarás en la superficie y tu verdadera Motivacción no está en la superficie, sino que para encontrarla tendrás que bucear en tus profundidades y, como siempre, ser despiadadamente sincero contigo mismo. Es posible que con los años puedas encontrar otras Motivacciones incluso más grandes, pero la que encuentres ahora tiene que hacerte llorar de emoción cuando pienses en ella. Porque ella es la que te va a hacer saltar de la cama para ponerte en marcha, es la que te va a cambiar tus hábitos casi sin que te des cuenta. Don José siempre me decía que hay dos días en la vida de una persona que resaltan sobre los demás, el día que nace y el día que encuentra su Motivacción. Sin ella, todo se hará difícil y tedioso. Encontrarla te convertirá en una persona proactiva, es decir que no te importará que llueva, que algo te dé vergüenza, o que hayas dormido pocas horas. Eso pasará a un segundo plano si has conseguido descifrar cuál es tu verdadera Motivacción. Ser proactivo significa moverte por valores y tu Motivacción está íntimamente relacionada con ellos. Sumérgete en las profundidades de tus principios y valores personales porque es allí donde se encuentra. Mucha gente quiere actuar de forma proactiva porque lo ha leído en algún libro, pero sin ella no conseguirán llegar muy lejos.

—Leí un libro sobre la proactividad y sobre el papel me pareció algo maravilloso, pero me pasó exactamente lo que dices. No cambió nada en mi día a día.

—Tranquilo, es lo habitual. Lo más urgente e imprescindible es que encuentres tu punto de apoyo, tu porqué, para poder sacar partido a todas las palancas que te ofrece tu negocio, y a todos tus potenciales. Es un trabajo que no se hace en cinco minutos. Hay que revisar nuestros verdaderos principios y valores. El dinero por sí mismo no es la Motivacción de nadie, sino una consecuencia de ésta. La encontrarás en el reino del "sentir", no en el del "tener". Te repito que te tiene que emocionar. Lo que mueve a las personas a tomar decisiones importantes son las emociones. Por ejemplo, si te dijera que si mañana subes al Everest te regalo un coche último modelo ¿qué me dirías?

—¡Que estás loco! Pues, claro que no. Ni por un coche ni por dos. Si antes casi me desmayo por andar menos de una hora.

—¿Pero y si te dijera que la vida de Sara y toda tu familia depende de una hierba que solo crece allí y que solo puedes subir tú a por ella?

—Hombre, planteado así, lo intentaría sin dudarlo —digo tras recorrerme un escalofrío solo de pensarlo.

—¿Te das cuenta de la diferencia? El coche no es un motivo suficientemente grande como para arriesgar tu vida, no te crea la emoción necesaria para hacer ese esfuerzo titánico. Pero es muy distinto cuando está en juego algo tan importante como la vida de tu familia.

—Hombre ya, pero ese ejemplo no me sirve.

—¿Por qué no te sirve?

—Pues porque es demasiado radical. ¿Quién no se jugaría la vida por salvar a su familia de un desastre?

—Muy fácil. Todos los que no saben que la vida de sus familias están en peligro. Como por ejemplo, tú.

—¿Como yo? Mi familia no está en peligro.

—¿No fuiste tú quien nos contó que habíais desistido de tener hijos por culpa de vuestra situación financiera? Tu hijo no ha nacido todavía por culpa de tu cautiverio financiero, ¿y me dices que tu familia no está en peligro?

—Hombre visto así... —me quedo un tanto apesadumbrado por la reflexión de Joe, que es igual de dura que de cierta.

—Perdona por ser tan directo pero no hay otra forma. En tu caso es fácil verlo con este pequeño gran detalle, pero casi todo el mundo es esclavo de una u otra forma. Lo que está aquí en juego no es un ingreso extra. Aquí el premio es la libertad, el equilibrio entre tiempo de calidad y dinero. Y no serás verdaderamente libre si no eres también libre financieramente. ¿Te parece poco motivo conseguir la libertad para ti y tu familia? Así que todo depende del tamaño de tu porqué, de tu Motivacción. Tienes que dar respuesta al "cómo", al "porqué" y al "dónde". La Motivacción es la respuesta al "porqué" y todo el sistema de Palancas y Trampas es la respuesta al "cómo".

—¿Y la respuesta al "dónde"? No has dicho nada sobre ella.

Entonces me coge del hombro y me señala los mapas que cubren toda la mesa de billar.

—¿Qué pasaría si estuvieses en Madrid y quisieras ir caminando a Barcelona pero cada día cogieses un rumbo distinto?

—Pues que no llegaría nunca.

—Exacto. Lo mejor que podrías hacer es coger todos los días la misma dirección para que no se eternizase el viaje. De la otra forma, o no llegarías nunca, o tardarías muchísimo más tiempo. Es más probable la primera opción porque con la segunda, al no vislumbrar tu destino durante demasiado tiempo, te desmotivarías a medio camino y abandonarías. Lo mismo pasa tanto en tu negocio como en cualquier otro tipo de proyecto que imagines. Supongo que habrás oido hablar del poder de estar enfocado. Poner el foco en un solo objetivo te llevará antes o después hasta él, pero si cambias cada dos por tres de rumbo nunca alcanzarás ninguno. El enfoque es tomar constantemente el mismo rumbo hasta llegar a tu objetivo. Habrá días que avances más y otros avanzarás menos. Incluso alguno puede que te despistes y pierdas algo de tiempo en volver a tu rumbo. Tranquilo, esto funciona así. Las adversidades te podrán tumbar pero el truco es levantarse solo una vez más de las que te caigas. Recuerdo la mirada de Don José cuando hablábamos sobre este tema del enfoque. Me miraba fijamente y me decía: "Hijo, más vale una vez rojo que cien colorado". Tu Motivacción también te ayudará con el enfoque correcto. Sin ella te desenfocarás rápidamente con cualquier distracción o con otro proyecto más novedoso, que también acabarás cambiando más tarde por otro más. Caminarás en círculo para volver siempre al mismo lugar. Hacia tu objetivo, lo mejor es caminar en línea recta. Decía Seneca que "nunca hay un viento favorable para el barco que no sabe a qué puerto se dirige".

–Entonces… El "dónde" sería una mezcla de los objetivos y del enfoque.

–¡Exacto! Por un lado debes saber hacia dónde vas, tu objetivo, y por otro lado ir cada día en esa misma dirección, es decir enfocarte. Pero si no sabes por qué quieres llegar, nada de lo que hemos hablado te servirá en este viaje. La Motivacción es la que te dará fuerzas cuando creas que no te quedan, es la que empujará a hacer lo que no te gusta hacer, es la que te tapará los oídos cuando venga algún detractor a tumbar tu proyecto, es la que te ayudará en tu metamorfosis personal y empresarial. ¿Por qué vas a hacer el esfuerzo de andar los más de 600 kilómetros que separan Madrid de Barcelona si no es por algún motivo importante? Si el motivo es suficientemente grande y emocional te levantarás cada día pensando solo en andar. Andar se habrá convertido, casi sin darte cuenta, en un nuevo hábito.

–¿Entonces cambiar de hábitos es una consecuencia directa de la Motivacción?

–Los hábitos se cambian con acciones y esfuerzos que solo serás capaz de hacer si sabes por qué quieres llegar a tu meta. Tanto los hábitos mentales, como los físicos. ¿Tú crees que a mí en invierno, a las siete de la mañana, no me apetece quedarme en casa bien calentito en vez de ir a caminar?

–Imagino que sí ¿no?

–Pues claro. Pero el tamaño de mi Motivacción, cuidar mi salud, es más grande que el gustito por estar calentito. Vuelvo a repetirte que es un tipo de motivación tan especial, que te empuja irremediablemente a la acción. Y ya que estamos con los mapas aquí extendidos, ayer me dijiste durante nuestra conversación que ya te habías leído bastantes libros sobre multinivel pero que no te había cambiado nada. Imagino que ya vas entendiendo por qué no te funcionaba.

—Claro, lo estaba entendiendo todo mal. Pero en los libros que leí todo me parecía mucho más complicado que con tus ejemplos.

—El problema con los cientos o miles de libros que existen, y los hay muy buenos, es que se puede caer muy fácilmente en otra de las trampas.

—¿La quinta trampa? Dime Joe.

—Veo que llevas la cuenta. Eso está bien. La quinta trampa letal es, "Convertirte en un cartógrafo"

—¿Queeeeeé? ¿Un cartógrafo? Ahora sí que me has dejado KO. A ver cómo me explicas esto.

—Muy fácil —coge uno de los varios mapamundis que hay sobre la mesa de billar, y me lo entrega—. Marca en el mapa algún sitio que te gustaría visitar.

—Ya está —marco París pues es un viaje que le debo a Sara.

—¿París? Bonito destino. Ahora concéntrate y pídele al mapa que te lleve a París.

—¿Qué? ¿Otra vez con tus bromas? —me mira en señal de que continue con sus instrucciones—. ¿Cómo le voy a pedir eso al mapa? El mapa no me puede llevar a ningún sitio.

—¡Exacto! Ahí le has dado. El mapa no te va a llevar a ningún sitio por sí mismo. Entonces si no te lleva el mapa, ¿cómo llegarás?

—Pues como no tengo coche, tendré que ir andando.

—¡Ja, ja, ja…! Perdón —al ver mi cara de enfado me devuelve un gesto de disculpa con ambas manos—. Bueno, sigamos. Entonces, si el mapa no te lleva, parece que está claro que tendrás que esforzarte para llegar.

—En mi caso, sin coche, sí —vuelve a asomarse otra sonrisa en los labios de Joe que ya me está empezando a mosquear.

—Verás Jorge, en todos estos años he visto muchas personas que al comenzar su negocio multinivel se leyeron infinidad de libros sobre el tema pero no consiguieron resultados tangibles y duraderos. Se convirtieron sin darse cuenta en teóricos, en cartógrafos del multinivel.

—Pero Joe, leer no puede ser malo. Yo he aprendido muchas cosas interesantes leyendo.

—No, para nada. Leer es bueno. Como puedes comprobar a tu alrededor, yo he leído cientos de libros. Me encanta leer. El problema es convertirte en un teórico, en un cartógrafo. La cara opuesta, y que es la que te llevará al éxito, es ser un explorador. El cartógrafo se parece mucho a un "opinador" y el explorador a un "hacedor" y ya sabes lo que opino al respecto. Encuentra tu Motivacción y te convertirás instantáneamente en un explorador en busca de tu tesoro, una vida con propósito. Ese es tu tesoro, una vida digna de ser vivida. Los cartógrafos que se quedan en el despacho no tendrán negativas y estarán más calentitos pero tú estarás mucho más vivo. Y esa es la cuestión, encontrar la forma de vivir una vida con mayúsculas ¿recuerdas?

—Prometo ser despiadadamente sincero conmigo mismo para encontrar mi Motivacción.

—Veo que lo vas entendiendo a la perfección. Me alegro. Felicidades.

—Gracias Joe. Pero aun tengo mucho camino que andar.

—Eso es verdad. Y hablando de andar, no quiero que se me olvide hablar de tu pésimo estado de forma.

—Hombre Joe… ¿tanto como pésimo?

—La realidad es que no pudiste seguir el ritmo de dos ancianos. Si quieres pensar que estás en forma es tu problema. A lo mejor prefieres que el médico te de una frase mágica como a mí para comenzar a cuidarte.

—No, no, gracias.

—Nunca podré hacer suficiente énfasis en la importancia de hacer ejercicio regularmente. Basta con una regularidad de veinte o treinta minutos al día de andar a buen ritmo. Hay que sudar un poquito amigo mío. Don José siempre me decía que si no utilizaba parte de mi tiempo y dinero en cuidar mi cuerpo, lo haría yendo a médicos y hospitales. Pero yo en este tema era muy tozudo. Ni se me pasaba por la cabeza ir a andar por las mañanas. Prefería estar leyendo algún libro o preparándome algún taller. Realmente lo veía como una perdida de tiempo. Con aquel estilo de vida, fumando y sin hacer nada de ejercicio, mis días estaban contados. Por eso te dije que esa noticia me salvó la vida, como también lo hiciste tú. Cuando le dedicas un tiempo cada día a cuidar tu cuerpo, cambia la relación que tienes con él. No creo que muchas personas hablen con su corazón, sus riñones o sus pulmones, como hago yo.

—¿Hablas con tus riñones?

—Bueno, más que hablar les agradezco a menudo su desinteresada labor a tiempo completo. Pero si te parece que estoy un poco loco, te diré que también les doy las gracias a las más de cien billones de células que componen mi cuerpo y que, gracias a su labor perfectamente coordinada, me permiten vivir; y de paso que no me duela nada, o casi nada. Y la mejor manera de agradecérselo es darle ese ejercicio que oxigenará mi cuerpo para que ellas respiren correctamente. Pero lo más gratificante es el efecto que provoca en el cerebro. El cerebro trabaja con más claridad y estás de mejor humor. Todo esto favorece que tengas el ánimo correcto para enfrentar los retos que están por llegar. El ánimo correcto te ayudará a detectar y derrotar a los virus mentales cuando te ataquen. De hecho, cuando te acostumbras, casi no puedes pasar sin dar una buena caminata matinal.

—Ahí tengo que ponerme las pilas. Hace tiempo que no hacía deporte en serio y la verdad es que, tras la fatiga inicial, ahora me siento genial.

—¿Lo ves? El ejercicio físico te proporciona un bienestar casi instantáneo, y gratuito. Aunque en el tema de la salud el simple motivo de no caer enfermo ya debería ser suficiente para hacer ciertos cambios, como ejercitar habitualmente el cuerpo, cuando encuentres tu verdadera Motivacción harás casi sin darte cuenta ese y otros muchos cambios de hábitos. Pero si no la encuentras todos los hábitos actuales tenderán a reaparecer de nuevo para perpetuarse. Yo para encontrar mi Motivacción me fui una semana solo a la montaña con una tienda de campaña.

—¿Me estás pidiendo que me vaya de acampada a la montaña solo?

—No. Tu tendrás que buscar tu propio camino para encontrarla, pero indudablemente la soledad es una gran compañera para una buena reflexión interior.

—¡La soledad iluminadora!

—¿Soledad iluminadora? ¿Ves como eres un artista poniendo nombre a las cosas? Me encanta ese término. ¿Me permites que lo utilice en el futuro?

—Claro Joe, por favor.

—O mejor todavía. Te lo cambio por otra cosa.

—¿Otra cosa? ¿Cuál?

—¿Te fías de mí?

—Pues claro Joe.

—Pues sube y sal de casa por la puerta principal.

—¿Que salga de la casa?

—Al final voy a pensar que realmente tienes algún problema en el oido. ¡Ja, ja, ja…!

—De acuerdo, voy, voy. ¿Qué estarás preparando ahora? —me da un pequeño empujoncito al pasar por su lado como para que me dé prisa.

Subo las escaleras de la biblioteca y me dirijo hacia la puerta de la casa. Veo a Mary mirándome fijamente con una extraña sonrisa en su cara. No entiendo lo que está pasando pero tengo ganas de saberlo.

—Mary, ¿qué es lo que pasa?

—Sal y lo verás.

Abro la puerta de la casa y salgo. Veo un coche azul precioso y reluciente a unos metros del porche de la casa. Busco con la mirada a Tom por si tenemos que ir a algún lugar con este coche, pero no lo encuentro. En mi rastreo visual veo algo que parece una cartulina en el parabrisas del vehículo. Bajo las escaleras y me acerco a ver qué es. Cuando llego a la altura del capó del coche veo una letras escritas que dicen: "Gracias por salvarme la Vida. Es lo menos que puedo hacer. Las llaves las tiene Mary".

—¿Cómo? —digo en voz alta. No entiendo muy bien todo esto. Me giro en busca de alguna pista y veo a Mary agitando un ramillete de llaves en la mano mientras me mira.

—¿Vas a venir a por tus llaves o no? —Mary sigue agitando las llaves a modo de sonajero.

—¿Mis llaves? ¿Es para mí? —en este momento sale Joe y coge a Mary del hombro mientras ambos me miran sonrientes—. Pero no puede ser. No, no puedo aceptarlo. Es demasiado.

—¿Demasiado? ¿Has leído lo que pone en la cartulina? Tú te jugaste la vida por salvar la mía. Esto no es nada comparado con lo que tú me regalaste a mí aquella noche. Y encima te destrocé el tuyo. No puedes rechazarlo. Además, recuerda tu décimo compromiso. Lo siento, está firmado. Ya no puedes hacer nada. Lo que te recomiendo es que lo arranques y lo pruebes —me dice justo antes de abalanzarme sobre ellos y darles un abrazo a ambos.

—¡Un momento! ¿Por eso te reías antes cuando me molesté por el comentario del coche? —ahora voy entiendo todo. Y yo a punto de enfadarme con Joe por sus comentarios.

Joe se encoge de hombros en claro gesto de afirmación.

—Perdona entonces Joe.

—Tranquilo, está todo bien.

—Venga, ¡vamos a probarlo todos juntos! —les animo al abrir la puerta del coche.

Nos montamos en el coche que es el mismo modelo que el mío pero la última versión. Comparado con el mío que tenía quince años, el único parecido es el nombre del modelo. Tiene todos los avances tecnológicos que uno podría imaginar.

—Tendré que leerme el libro de instrucciones —digo emocionado.

—Sí, y también conducirlo ¡Ja, ja, ja…! —nos miramos y reímos recordando la conversación sobre los cartógrafos y los exploradores.

—¿Vamos? —digo como un niño deseando conducir esta preciosidad.

—Espera ¿no falta alguien? —me dice Mary.

—¿Tom también viene? —pregunto mientras pruebo algunos botones.

—Mira a tu alrededor, Jorge —vuelvo a escuchar la voz de Mary.

Levanto la mirada de los mandos y veo una silueta que está junto a la casa. Pero entre el contraluz que provoca el sol y la sombra de la casa no distingo de quién se trata. La figura se mueve hacia delante y, para otro de mis asombros…

–¿Sara? Pero… ¿Cómo…?

Miro hacia Mary y Joe y les veo sonriendo. Es una sonrisa que no olvidaré nunca.

–Gracias Mary, gracias Joe –digo como puedo antes de abrir la puerta del coche para fundirme en un abrazo con Sara.

–Pero Sara… ¿Y la comida con tus padres?

–Bueno, a veces hay que priorizar –me dice sonriente–. Ya hablé con ellos. Todo está bien. Ya iremos otro día.

–¡Ale, tortolitos, vamos a probar el bólido! ¡Ja, ja, ja…! –nos insta Joe desde el interior del coche.

Nos subimos Sara y yo también al coche y, mientras disfruto como un adolescente conduciendo mi bólido por las carreteras cercanas a la finca, me cuentan cómo Mary lo ha preparado todo para darme una sorpresa.

Al volver a la casa y bajarnos del coche, me detengo a observar de nuevo la estilizada carrocería más detenidamente. Pero cuando paso por la parte trasera veo algo que llama poderosamente mi atención y que no debería estar ahí. Sobre la pintura metalizada del portón trasero hay unas letras junto a mi número de teléfono móvil que dicen:

"Si está buscando una oportunidad de mejorar su vida, llámeme"

–¿Y esto qué es Joe, otra de tus bromas?

–¡Ja, ja, ja…! No, no lo es. Si quieres el regalo tendrá que ser así. ¿Es que no te gusta el estilo de las letras, o es el color lo que no te gusta?

–No, no me refiero ni al color ni al estilo de las letras. Es el cartelito en sí mismo. Estropea un poco la estética del coche ¿no crees?

–¿La estética? ¿Ahora te preocupa la estética? Te voy a decir algo importante, para llegar donde quieres llegar tendrás que utilizar todos tus recursos. Cualquier emprendedor debe hacerlo. El auto es un recurso más. Tus contactos, tu dinero, tu tiempo o tu casa son otros. Cuando te enfocas en un objetivo totalmente pones todo lo que tienes, y muchas veces lo que todavía no tienes, al servicio de tu causa. Ese pequeño y elegante cartelito con tu teléfono, además de trabajar solo, puede atraer a tu negocio a tu mejor socio. Recuerda que las personas tienen que saber que tienes algo que ofrecerles. ¡Tienes que ir con todo Jorge! Lo que hay en juego es demasiado importante para preocuparte por la estética de tu auto. Además tienes que estar orgulloso de tu proyecto al mostrarte al mundo. Esas letras desprenderán seguridad en lo que ofreces.

—Pero no sé si servirá de mucho Joe.

—¿Sabes lo que le pasa al agua si la calientas hasta 99 grados?

—¿Qué le pasa la agua? No sé a qué te refieres Joe.

—El agua calentada a 99 grados solo es agua caliente. Pero si la calientas un grado más, solo uno más, comienza a hervir y a convertirse en vapor y con ese vapor puedes mover una locomotora a vapor de cientos de toneladas. La diferencia la hace solo un grado más. Lo que te intento explicar es que muchas veces en los pequeños detalles hay un gran poder oculto que puede hacer la diferencia. Nunca hay que perder de vista los detalles. Ese pequeño cartel que para ti estropea la estética dentro de diez años puede no haber servido para nada, o puede haber sido el detonador para cambiar la vida de cientos o miles de personas, incluido tú. ¿Quieres quedarte con la duda?

—La verdad es que no pierdo nada por llevarlo. Además bien visto tampoco estropea tanto la estética. Está diseñado con mucha clase. Gracias Joe por pensar también en estos detalles y abrirme los ojos a tantas cosas.

—De nada, es un placer. Pero recuerda que debes poner todos tus recursos al servicio de tus sueños y no al contrario. Es curioso cómo las personas no dudan en olvidar sus sueños por lo que ellos creen que es una vida segura llena de recursos que no rentabilizan de ninguna forma. Hay personas que con un celular igual que el tuyo han montado y gestionan negocios en internet muy rentables. El mismo celular que otros utilizan únicamente para hablar o enviar mensajes. Depende de ti el partido que le saques a tus recursos. Una de las frases preferidas de Don José era "Dios reparte cartas a todos, pero tú decides cómo jugar la partida".

—Una frase muy interesante. Don José era un hombre muy sabio.

—Sí que lo era. Y ahora que estamos hablando de aprovechar tus recursos creo que es un buen momento para hablar de otra de esas cosas que parece obvia pero que te aseguro que no lo es. Quiero que entiendas la diferencia entre lo que es un gasto y una inversión.

—¡Hombre Joe, que tengo la carrera de económicas! —le digo con un tono de indignación por no valorar mi formación académica.

—Lo sé. Pero si tan clara tienes la diferencia, ¿por qué estabas gastando tu vida en contribuir a los sueños de otro en vez de invertir tu tiempo y tus recursos en crear un ingreso pasivo que te diese la calidad de vida que te mereces?

—¡Ehhhhhh…! —me deja de nuevo sin palabras.

—Si estás enfocado, con los resultados consiguientes, verás todo el tiempo y los recursos puestos al servicio de tu negocio como una inversión; pero si no te enfocas bien, con la inevitable ausencia de resultados tangibles, lo verás todo como un gasto. En los dos casos tendrás razón. La única diferencia entre un gasto y una inversión es la obtención de resultados. Comienza desde ya a tener claro que todos esos recursos son la mejor inversión que puedes hacer para mejorar tu vida. Una de las grandes ventajas del multinivel, es que no requiere de tantas inversiones económicas como un negocio tradicional. Aunque como ya te dije en las superventajas, si lo haces bien, serán muy pocos meses porque rápidamente los ingresos cubrirán esas inversiones. Me refiero más a invertir tiempo y esfuerzo. Hasta que dejes tu empleo tendrás que sacar tu tiempo de lo que ahora consideras tiempo libre y eso, a veces, se hace duro. Pero, aunque es solo durante un tiempo, deberás tener muy claro que estás invirtiendo ese tiempo en crear algo que contribuirá a la felicidad de tu familia. Lo mismo te digo con el dinero. Nunca lo olvides, siempre son inversiones, nunca gastos.

—El que quiera peces que se moje el culo ¿no?

—¡Ja, ja, ja…! ¡Exacto Jorge! Y ahora vamos a ayudar a las mujeres. Pondremos nosotros la mesa.

—¡Venga, vamos! —respondo sin poder quitar la mirada del gran regalo que acabo de recibir al pasar por su lado.

Los Inmortales

Tras disfrutar de otro maravilloso guiso de Mary, las mujeres proponen ir a dar un paseo por la finca y nosotros, como buenos consortes, accedemos a acompañarles de buen grado. Sara está deseando conocerla un poco más a fondo, ya que la primera vez que estuvo aquí no vio demasiado.

Cuando ya estamos a punto de salir por la puerta suena el teléfono y Mary nos pide permiso para atender la llamada antes de salir. Esperamos unos minutos charlado con Joe sobre cómo encontraron la finca, cuando escuchamos la voz de Mary llamando a Joe desde el piso de arriba.

—¡Ya voy Mary! —le responde Joe encaminándose hacia las escaleras.

Al cabo de unos minutos bajan los dos cogidos de la mano. Percibo algo en sus miradas que no me gusta. Parece que les deben haber dado alguna mala noticia porque Mary tiene los ojos vidriosos. Joe en cambio está más entero.

—¿Va todo bien? —pregunto sin afán de cotillear.

—Sí, tranquilo Jorge. Los retos de la vida. Oye, ¿qué os parece si nosotros nos quedamos aquí mientras vosotras disfrutáis de la finca? Estoy recordando algunas cosas importantes que me gustaría hablar con Jorge antes de que se vayan a casa —dice Joe al mismo tiempo que se acerca a Mary para darle un beso.

—De acuerdo —dicen a la vez Sara y Mary. Cada vez se ve más complicidad entre ellas. Mary es muy sabia y puede darle muy buenos consejos a Sara.

Tras salir las mujeres de casa, Joe me hace un gesto para que le siga. Subimos las escaleras hasta su despacho. Al entrar, vuelvo a ver todas esas fotos, menciones y galardones colgados de la pared. Entre ellos veo una hoja escrita a mano con un precioso marco en el que no me había fijado antes. Cuando me acerco un poco más, resulta ser una lista con los mismos compromisos que me hizo firmar Joe.

—¿Ves como no te mentía? —Joe interrumpe mi curiosidad—. Ese es el documento que Don José me hizo firmar a mí antes de comenzar a prepararme. Es prácticamente exacto al tuyo.

—Ya veo que hay cosas que no cambian con los años.

—Pues no, y te recomiendo que hagas como yo, y te enmarques tus compromisos. Ponlos en un sitio bien visible en tu casa. Pero ahora toma asiento Jorge —me se señala el mismo sillón frente al escritorio de siempre.

—Me encanta tu despacho. Es un lugar muy auténtico.

—Pues todavía no lo has visto en detalle.

—¿A qué te refieres?

—Enseguida vamos con eso. Por eso hemos subido. Pero primero quiero que entiendas que el tema del que te voy a hablar ahora es un tabú en esta sociedad. Pero te será de una gran ayuda a la hora de encontrar tu verdadera Motivacción. Y digo verdadera porque mucha gente dedica a pensar en su Motivacción cinco minutos y cree que ya la tiene. Por eso no les funciona, porque se quedan en la superficie. No profundizan en su ser con despiadada sinceridad. Y para hablar con ese tipo de profunda sinceridad contigo mismo te ayudará no caer en la "Sexta Trampa Letal"

—Déjame un folio, no traje la libreta.

—Olvida ahora la libreta. Luego lo apuntas. Ahora quiero que estés muy atento. Ésta es una trampa para el negocio y para la vida misma en todos sus aspectos. Conocerla y evitarla es una de las cosas más importantes de tu vida.

–Dime Joe. Estoy deseando saber cuál es.

–La sexta trampa letal es "Creerte Inmortal"

–¿Cómo? ¿Inmortal? Hombre Joe, no sé si habrá algún loco por ahí que se crea inmortal, pero no es mi caso.

–¡Ja, ja, ja…! Pues yo te digo que, por desgracia, a día de hoy todavía te crees inmortal. Pero tranquilo es el estado de la mayoría de seres humanos. No eres una excepción. Por lo menos tú estás en el camino para dejar de serlo. Vamos a ver, tú crees que sabes que algún día vas a morir. ¿A que sí?

–Pues claro Joe, claro que lo sé.

–Tú crees que lo sabes pero tu vida demuestra que no lo sabes.

–¿Cómo? ¿Que mi vida demuestra que no sé que me voy a morir algún día? ¿Te has vuelto loco Joe?

–Por suerte, creo que todavía no. ¡Ja, ja, ja…! Verás, las personas saben que van a morir mentalmente pero pocas la han sentido de cerca, y los que han sentido la muerte muy cerca la mayoría de las veces han sufrido un cambio en su actitud ante la vida. Lo que les sucede es que dejan de aplazar las cosas, dejan de posponer las cosas importantes porque ya han sentido el aliento de la muerte en su ser. Ahora son conscientes de que la vida es muy corta incluso si vives noventa o cien años. La cuestión es que dentro de no mucho tiempo ya no vas a tener vergüenza de lo que piense nadie de ti porque ya no existirás. La vida no es eterna, amigo mío.

–Hombre Joe, está claro que las personas que han tenido experiencias cercanas a la muerte sufren cambios pero tanto como que no sé que me voy a morir…

–No lo sabes con el corazón. Lo sabes solo con la mente y no es lo mismo. Verás, yo he enfrentado la muerte, muy de cerca, varias veces. De hecho, la última fue hace muy poco tiempo, cuando aterricé sobre ti. ¿Realmente has reflexionado sobre lo que pasó aquel día? No moriste por décimas de segundo. Décimas de segundo Jorge, piénsalo bien. Esa experiencia bien interiorizada te puede dar la llave.

–¿La llave? ¿Qué llave?

–La llave de la vida. En mis muchos años me he dado cuenta de que la vida y la muerte están íntimamente relacionadas. Esta sociedad tiende a ver la muerte como algo muy malo de lo que es mejor ni hablar. Pero es la muerte la que le da todo el sentido a la vida. Lógicamente, debemos hacer todo lo posible por cuidarnos para tener una larga vida, pero sentir que te vas a morir algún día, da igual cuándo, es lo que te ayuda a sentirte realmente vivo. Lo malo no es morir. De hecho, es inevitable. Lo realmente malo es no haber vivido y aprovechado al máximo el poco tiempo que tenemos para estar aquí. Has de recordarte a ti mismo cada día tu mortalidad. Reconocerás a los "inmortales" porque siempre les falta algo para ser felices, porque no agradecen lo que tienen y porque casi siempre hay algo que les molesta. Si llueve, les molesta la lluvia y si hace sol les molesta el calor. Han perdido la capacidad de asombro y la sonrisa no suele aparecer en sus labios. Habitualmente son personas que sufren de la destructiva "mañanitis". Posponen toda clase de cosas importantes porque creen que tienen todo el tiempo del mundo. Normalmente priorizan lo urgente sobre lo realmente importante. Y así, se les pasa la vida sin darse cuenta que se acerca el final, hasta que es demasiado tarde y ya no hay vuelta atrás. Además es curioso que este tipo de personas siempre piensan que van a llegar la los noventa o los cien años. No tienen la conciencia de que podrían morir en cualquier momento. Don José me decía que así es como tenemos que vivir la vida, sabiendo que en cualquier momento la muerte nos puede tocar en el hombro y llevarse todo lo que creemos tener. Y cuando digo todo, es todo. Me contaba un día una amiga enfermera, que trabaja en cuidados paliativos, que de lo que los moribundos normalmente se quejan no es de lo que han hecho mal en sus vidas, sino de lo que han dejado de hacer. Tampoco verás a los inmortales hablar de la muerte abiertamente. La sabiduría de los antepasados de Don José postula que la muerte es la mejor consejera para los vivos. La muerte es una maestra que nos ayuda a vivir la vida con entusiasmo. Mira lo que hay ahí arriba.

Me señala con el dedo a una estantería con unas fotos y un jarrón en medio. Me levanto para tener más detalles porque a simple vista no sé a qué se refiere. Me acerco pero no veo nada raro.

–¿Te refieres alguna de las fotos Joe?

–En el centro…, entre las fotos…

–¿El jarrón?

–¿Jarrón? ¡Ja, ja, ja…! Coge el "jarrón" y lee lo que hay escrito.

Alargo el brazo y, al acercarlo, veo que tiene una pequeña placa de metal con algo escrito. Cuando leo lo que pone me sube un escalofrío por todo el cuerpo que me deja el corazón encogido.

–¿Cómo que "Aquí yacen las cenizas de Joseph Goodman. Descanse en Paz"? ¿Qué es esto? ¿Una urna funeraria?

–Sí, es mi urna funeraria –me dice tan tranquilo–. La tengo ahí en frente de mí para recordarme dónde voy a estar dentro de no tanto tiempo. Reconozco que es un poco radical, pero te aseguro que es muy efectiva. Así no me olvido de darle a Mary todos los besos que pueda, de reír todas las risas que sea capaz, de vivir cada momento como si fuese el último. Los días son muy limitados, así que cada amanecer es especial y único. Por muchos días que te queden por vivir, siempre son pocos. Estudiaste economía, así que sabrás lo que le pasa al precio de algo cuando escasea ¿no?

–Imagino que te refieres a que si hay escasez de algo, su precio sube.

–¡Exacto! Y te aseguro que el bien más escaso que tiene cualquier persona son los días que le quedan de vida. Con lo cual cada día realmente vivo vale su peso en oro. Además, sentirte mortal te será de inestimable ayuda para hacer la metamorfosis de la que hablamos. Te ayudará a ser capaz de arriesgar lo que eres por lo que puedes llegar a ser, como hace la crisálida. Ver ahí esa urna me lo recuerda cada día por si tengo la tentación de olvidarlo. Te recomiendo que hagas lo mismo.

–Pero es un poco macabro Joe.

–¿Ves como todavía te crees inmortal? Dentro de poco cambiarás de opinión, o por lo menos eso espero. Te lo dice alguien que, por puro sentido común, no le quedan demasiados días que vivir.

–No digas eso Joe.

–Es la realidad. Pero también es real que tampoco a ti te quedan tantos como te crees ¡Ja, ja, ja…! ¿Te tengo que recordar otra vez que estuviste a punto de morir cuando se cruzaron nuestras vidas? Utiliza esa experiencia para sentir la muerte, para aprender su lección. Las cosas no pasan nunca porque sí. Siempre hay lecciones en los acontecimientos potentes de tu vida. No veas un accidente. Míralo como una oportunidad de hacer alquimia con el valor de tus días. Conviértelos, de días rutinarios en busca de la supervivencia, en regalos para desarrollarte y disfrutar. ¿Comprendes ahora por qué todas las mañanas lo primero que hago es sentarme en la cama para dar las gracias al Infinito por un nuevo día?

—Hombre, visto así...

—Renovar tu relación con la muerte y ser consciente de tu "caducidad" te será de gran ayuda para encontrar tu verdadera Motivacción. También te ayudará a disfrutar de cada momento de tu vida. De hecho, cuando dejes de creerte inmortal ya nunca te aburrirás. Me hace mucha gracia, o me da mucha pena, cuando escucho a alguien que está haciendo alguna actividad para "matar el tiempo". Más que matar el tiempo lo que están haciendo es desperdiciarlo. Se creen que son eternos y que tienen tanto tiempo que se dedican a "matarlo" para no aburrirse. Te aseguro que yo llevo muchos años sin aburrirme. "Matar el tiempo" es una clara señal de "inmortalidad". Alguno de esos virus mentales no quiere que hagamos consciencia de que nuestra vida es muy corta. No quiere que renovemos nuestra vida porque quiere que estemos asustados.

—¿Asustados? ¿Por qué?

—Porque así, asustados, nos bloqueamos y, al hacerlo, dejamos de tomar los riesgos necesarios para conseguir una vida con mayúsculas. Asustados somos presa de todo tipo de miedos que nos aconsejan quedarnos como estamos. Y entonces comienza el conflicto interior entre quien eres y quien te gustaría ser. Ese conflicto interior, y el consiguiente sufrimiento, es la recompensa para el virus de turno. Ha ganado esta batalla. Al reconocer que tu existencia es efímera, te darás cuenta de que todos los momentos son únicos y comenzarás a ser más feliz cada día. Porque comenzarás a no bloquearte tanto con preocupaciones, muchas veces infundadas, para empezar a ocuparte realmente de los retos de cada día. Y digo retos porque ya no tendrás problemas sino retos. Y una vez más gracias a la alquimia, convertirás esos retos en maestros. La mayoría de estos virus necesitan que sufras para sobrevivir. Con lo cual su existencia ya no tendrá sentido, y ese molesto virus se extinguirá.

—Ahora que estás hablando de estos virus mentales me surge una pregunta. ¿Siempre que me enfado es por culpa de ellos?

—Por supuesto. Además, sucede algo muy extraño con ellos cuando nos enfadamos. Déjame ver a ver si encuentro una cosa. ¡Aquí está! —Joe coge una pequeña botellita de cristal de un cajón—. ¡Vamos, bajemos y te mostraré cómo Don José me explicó este tema en su día!

Bajamos y salimos los dos de casa para dirigimos hacia lo que parece una alberca de riego que hay tras unos poblados arbustos. Al llegar, me asomo y veo que está casi llena de agua y, para mi sorpresa, también de peces de colores por todos lados. Por los restos de un antiguo trampolín que la presiden deduzco que, en algún momento del pasado, la utilizaron como piscina.

—¿Qué crees que pasaría si echo una sola gota de tinta negra de esta botella en la alberca? —dice Joe sacando la botellita del bolsillo.

—¿Una sola gota? No creo que pasase nada especial.

—¡Vamos a ver! —ahora Joe alarga el brazo situando sobre el agua el cuentagotas, lleno de tinta. Aprieta y deja salir una sola y negra gota que cae al agua y que, tras formar un breve hilillo negro, se diluye con los miles de litros de agua que llenan la alberca.

—No ha pasado nada, ¿no? —apunto intrigado.

—¡Exacto! No ha pasado nada. El agua de la alberca sigue siendo transparente.

—Ya lo veo Joe. De nuevo no sé a dónde quieres llegar.

—Me preguntaste si te enfadabas por culpa de estos virus mentales.

—Sí, pero ¿qué tiene que ver mi pregunta con esto?

—Imagina que el problema que te ha hecho enfadar en determinado momento es como la gota de tinta, y la alberca es tu vida. Como acabamos de ver, una sola gota de tinta, por muy negra que sea, no oscurece todo el agua porque hay mucha más agua cristalina y se diluye. Pero cuando te enfadas pasa exactamente lo contrario. Una sola gota, un solo problema, consigue que tu presente se torne oscuro, muy oscuro. Tu alberca interior se oscurece hasta tal punto que, por un tiempo, todo lo bueno que hay en tu vida también desaparece en esa oscuridad. Ese problema puntual no debería hacernos olvidar todo lo bueno, pero el virus convierte esa gota de tinta, ese problema, en una poderosa tinta que lo vuelve todo negro. Y lo peor es que cuando alguien se enfada suele decir y hacer cosas que agravan la situación y empeoran las cosas en vez de tratar de buscar una solución. Es fácil perder el control de las palabras, abriendo así la puerta a todo tipo de arrepentimientos y remordimientos que nos perseguirán a donde vayamos. Podemos hacer, y hacernos, mucho daño en un momento de oscuridad interna. Si recordásemos y agradeciésemos todas las cosas positivas que hay en nuestra vida, el agua cristalina de nuestra alberca interna, se lo pondríamos mucho más difícil al virus de turno. La vida está llena de retos que tendremos que enfrentar cada día, pero de nosotros depende que el virus oscurezca nuestra alberca interior totalmente o se diluya como la gota de tinta.

—¡Malditos virus mentales! Pero entonces, ¿cómo puedo saber si mis pensamientos están infectados o no?

—Irás aprendiendo con la experiencia, pero para empezar te voy a dar una pista que te servirá para localizarlos.

—Por favor, escucho.

—Ellos siempre se recrean con problemas que en realidad no existen.

—¿Cómo que problemas que no existen?

—¡Ja, ja, ja…! Pues no, no existen.

—¿Cómo voy a estar mal por algo que no existe Joe?

—Lo haces constantemente. No solo tú sino la gran mayoría de la humanidad.

—Por favor Joe explícame eso un poco más —le digo a la vez que saco el bolígrafo para apuntar la solución a este nuevo enigma.

—Verás Jorge, estos pensamientos infectados los reconocerás porque siempre se proyectan en el pasado y en el futuro. Serían lo que llamaríamos comúnmente remordimientos y preocupaciones, respectivamente. Casi todas las personas viven constantemente preocupadas por proyecciones mentales negativas sobre hipotéticos futuros problemas que probablemente nunca sucedan. En verdad forman parte de una especie de realidad virtual que solo existe en su cabeza. Tanto se preocupan que muchas veces acaban por no ocuparse del asunto en cuestión. Como decía Don José, "el análisis del análisis, crea parálisis". Si lo analizas detenidamente, verás que no tiene ningún sentido. Las preocupaciones son pensamientos contaminados por esos miedos aprendidos, por esos virus mentales.

—Bueno, vale. Las preocupaciones no existen porque aun no han sucedido. Pero los remordimientos son por cosas que sí que han sucedido.

—Sucedieron en su momento.

—¿Cómo que sucedieron en su momento?

—Pues que ya no existen más que en tu mente. Si fue un problema con otra persona, probablemente esa otra persona ni lo recuerde. Y si lo recuerda, lo recuerda muy diferente a ti. ¿Y cuál es la verdad? ¿La tuya, la suya o ninguna?

—Hombre seguramente una mezcla de ambas.

—¡Ja, ja, ja! Ojalá pensases así con todos tus remordimientos. Serías más feliz de forma automática. Pero yo me quedo con la tercera opción, ninguna. La realidad es que la memoria de los humanos es más olvidadiza de lo que creemos. Pero la mente tiene la facultad de crear, a partir de varios recuerdos sueltos, una verdadera película de lo que pasó. Y claro, en esa película el virus de turno ya se encarga de que tú siempre seas la víctima o el verdugo de alguien. Hay amigos, incluso hermanos, que no se hablan desde hace años y, en realidad excepto por algún vago recuerdo, ni se acuerdan prácticamente de lo que pasó realmente. Pero los rencores, que también pertenecen al mismo grupo de pensamientos infectados, perduran e incluso se muere con ellos. Es tremenda la carga que llevan muchas personas por no saber pedir disculpas o por no saber perdonar.

En ese momento me vienen a la memoria algunos amigos con los que prácticamente he perdido la relación por, como dice Joe, problemáticas que ni recuerdo.

—Pero entonces Joe, ¿cómo me libro de ellos?

—Es un arduo trabajo, pero la alquimia del perdón y del agradecimiento son mano de santo para empezar.

—Bueno, trataré de estar atento.

—Tranquilo, seguro que con un poco de paciencia los comenzarás a localizar y a ignorar. De momento trata de no tomarte todo tan en serio y de disfrutar más el presente, el ahora.

–Pero Joe, ¿entonces en el presente no hay virus?

–No, en el instante presente no tienen poder. Pero no es tan fácil entrar plenamente en el momento presente. Si lo consigues estás en paz porque te das cuenta de que el presente ya es como es. Pretender que el presente sea distinto es la base del sufrimiento humano. Puedes ocuparte de tu vida para que mejore en cualquier aspecto, pero el momento presente, tu vida en este momento exacto, ya es como es. No aceptar tu vida tal cual es se convierte en un callejón sin salida. Principalmente porque ya es así. Para lograr ese entendimiento te ayudará mucho sentirte mortal en vez de inmortal. La sensación de ser mortal es el mejor de los antídotos contra esos pensamientos contaminados.

Me quedo pensativo. Tengo la sensación de haber leído sobre este tema en algún libro pero no le había dado la importancia que merecía.

–Toma nota de las palabras que hay escritas en ese marco plateado que hay bajo la estantería.

–¿Cuál? ¿Éste de aquí?

–¡Ja, ja, ja…! Solo hay un marco plateado Jorge.

–Vale, vale.

Fijo mi mirada en el texto enmarcado y apunto a la vez que me quedo prendado con la sabiduría que hay en él.

ORACIÓN DE LA SERENIDAD

Señor, concédeme la Serenidad
para aceptar las cosas que no puedo cambiar.
Valor para cambiar las que puedo,
y Sabiduría para reconocer la diferencia.

–Muy sabias palabras Joe. ¿Las escribiste tú?

–No. Su autor es San Francisco de Asís. También están siempre frente a mi escritorio. San Francisco estuvo muy inspirado cuando escribió esas palabras, que por otra parte, son puro sentido común. Te ayudarán para combatir todos esos remordimientos y preocupaciones que todavía te atenazan.

–Las recordaré siempre Joe.

–¡Ojalá! Eso sería una gran noticia para tu vida. Por cierto, ¿tienes ahí las llaves de tu auto nuevo?

–Aquí están –respondo sacando el llavero del bolsillo.

–¡Vamos entonces! Te quiero enseñar un lugar especial.

–¿No se enfadarán las mujeres?

–Tranquilo, ya hablé con Mary. Además le he pedido que hable con Sara sobre todo el proceso que le espera a tu lado en el desarrollo de tu negocio multinivel. Ella también pasó por esa fase. ¿Sabes que conocí a Mary al día siguiente que a Don José?

–¿Al día siguiente? Pues se ve que el Infinito te escuchó alto y claro en aquel acantilado.

–Pues sí. Fueron días de intenso cambio. Es increíble cómo te puede cambiar la vida en un par de días. Y ella tampoco entendía al principio este mundo, así que su historia personal será de gran ayuda para Sara, y para ti.

–Gracias Joe. No sé cómo os puedo pagar vuestras atenciones.

–Tranquilo. Ya me las pagaste por adelantado cuando me salvaste la vida.

Los Megaclientes

Nos subimos al coche y Joe me va indicando el camino. Yo voy absorto, probando botones y admirando cada detalle de este precioso regalo, pero por lo que parece nos dirigimos hacia la costa.

—¿Te apetece tomar un té? —me sugiere Joe.

—Sí, claro —respondo sin prestar mucha atención.

—Mira, podemos parar en ese bar —Joe me señala un bar que hay junto a la carretera con una bonita y soleada terraza.

Aparcamos frente al bar, y tras echarle un último vistazo a la brillante y moderna carrocería del coche, nos sentamos en la terraza.

—Voy un momento al baño Jorge. Ya le pido yo al camarero.

—Claro Joe. Gracias.

Veo cómo Joe habla con el camarero mientras ambos entran hacia el interior del establecimiento. Yo sigo recreándome con la perspectiva de mi coche nuevo que hay desde nuestra mesa.

—¡Te gusta mucho! —a los pocos minutos aparece la voz de Joe tras de mí.

–Me encanta Joe. Es un coche precioso. Mil gracias.

–No se merecen. Mira, parece que ya traen el té.

Se acerca el camarero con la bandeja y nos coloca las tazas y las teteras en la mesa con un poco de desgana. Esta actitud hace que se derrame un poco de té en la mesa.

–Perdone, si es tan amable, ¿podría limpiar el té que se ha derramado en la mesa? –le pide Joe muy educadamente.

–Ahí tiene servilletas. Puede hacerlo usted mismo –responde muy maleducadamente antes de darse la vuelta e irse tan tranquilo.

–¡Que tío tan maleducado! –le digo a Joe un poco indignado por el comportamiento del camarero.

–Bueno, tranquilo. Tendrá un mal día –Joe trata de quitarle hierro al asunto.

Nos tomamos el té mientras Joe me cuenta cómo era su dura infancia. Y tras unos minutos, veo que se acerca el camarero de nuevo. Trato de evitar cualquier tipo de contacto visual con él pues todavía sigo molesto por cómo trató a Joe antes. Pero es imposible, ya que viene directo a nuestra mesa.

–¡Oigan, cuando terminen no olviden llevar las tazas a la barra, y a ver si se dan un poco de prisa porque necesito la mesa para otros clientes! –el camarero vuelve a darnos señales de su falta de educación y respeto.

Esta vez ya no puedo aguantar más y me levanto enérgicamente de mi silla para pedirle explicaciones sobre su inapropiado comportamiento.

–¡Oiga, muestre más respeto o tendré que ponerle una queja formal a su jefe por su mala educación! ¡Es usted un grosero! ¡Nos iremos cuando nos plazca! ¡Y sobre llevar las tazas a la barra, llévelas usted que es su trabajo!

En este momento pasa algo muy extraño. El camarero mira a Joe y éste le devuelve la mirada justo antes de que ambos empiecen a esbozar una leve sonrisa que me desconcierta. Pasan unos breves instantes antes de que esas sonrisas se conviertan en carcajadas–. ¡Ja, ja, ja…!

–¿Qué pasa aquí Joe? –pregunto todavía cabreado, y ahora también indignado al no entender esas risas.

—Gracias Juanito —le dice Joe al camarero que se va riendo hacia el local, no sin antes pedirme disculpas muy educadamente.

—¿Cómo que gracias, Joe? Explícame qué está pasando porque no me gusta nada que se rían de mí en mi cara.

—Tranquilo, tranquilo. Juanito es muy buen camarero pero yo le pedí que nos atendiese así de mal.

—¿Qué? ¿Por qué Joe? ¿Disfrutas tomándome el pelo? No lo vuelvas a hacer, por favor Joe.

—No quería tomarte el pelo Jorge. Es que quiero explicarte la Séptima Trampa Letal y para que la entiendas profundamente se me ha ocurrido este pequeño juego sin mala intención. Ya sabes que mi método de enseñanza es poco ortodoxo, pero es la única forma de que nunca olvides la lección.

—Vaya Joe. Si que es rarito tu método. Casi me como al camarero. No podía soportar ni un segundo más su falta de respeto.

—Sí, ya te he visto cómo has saltado como un tigre herido —Joe todavía mantiene una leve sonrisa en sus labios que no me gusta nada—. Perdona si te ha molestado. Lo vas a entender enseguida.

—¿La séptima trampa entonces? —le digo un poco más tranquilo.

—Exacto. Y ésta, como las otras, también es letal. La séptima trampa es, "Tratar a tus megaclientes como empleados"

—¿Has dicho "megaclientes"?

—Sí, megaclientes.

—Tú y tus palabros. No cambias.

—Así no los olvidarás nunca.

—No, eso seguro. A ver qué explicación me das ahora.

—Vamos a ver si me explico. ¿Por qué te indignaste tanto con Juanito antes?

—Hombre, porque a un cliente hay que tratarle con el máximo de los respetos. No puedes meter prisa a un cliente a no ser que sea por una razón de peso. Y mucho menos querer que haga tareas que no le pertenecen. El cliente paga para que le den soluciones.

—Estoy totalmente de acuerdo. ¿Y tú a quién crees que se parece más un distribuidor de tu negocio multinivel? ¿A un cliente o a un empleado?

—¿A un cliente o a un empleado? Pues no sé. ¿A un cliente...? —respondo sin mucha convicción.

—Correcto. Caer en esta trampa es más habitual de lo que crees. Algunas personas se olvidan de que sus distribuidores son sus clientes y comienzan a tratarles como empleados. Tu vecino, con sus prisas, está cayendo también en esta trampa. Te está tratando como un empleado pero tú no lo eres. Si en el futuro caes en esta trampa, nadie te lo va decir. Simplemente verás cómo desaparecen personas de tu equipo que ya no vuelven. Podrás echarle la culpa al producto, a la competencia o al sistema. Pero la realidad es que no los estarás tratando como un cliente se merece, es decir, con mucho respeto y paciencia. Como bien dices, a los clientes siempre hay que ofrecerles soluciones. Si empiezas a pedirles soluciones a ellos, como harías con un empleado, te abandonarán.

Una de las grandes ventajas de este negocio es que no tienes empleados, pero parece que esto no siempre es una ventaja para todo el mundo, pues no lo entienden. Como no tienes empleados, tampoco serás nunca un jefe al estilo tradicional. Así que te recomiendo que vayas olvidándote de dar órdenes o meter presión porque el resultado no suele ser bueno para nadie. Tu ejemplo de integridad y constancia te proporcionarán los resultados que harán que la gente te respete y te escuche cuando les hagas alguna sugerencia buena para ellos. Ahí tu historia personal te será de incalculable ayuda. Recuerda siempre que sois todos empresarios independientes colaborando para el bien común. Simplemente, como en cualquier equipo, cada uno tiene su labor específica según su experiencia y conocimientos.

—Lo entiendo Joe, y tienes toda la razón. Pero ¿por qué en vez de "clientes" dijiste "megaclientes"?

—Pues porque tus distribuidores no son clientes normales, sino que son unos clientes muy especiales. A mí me gusta ese nombre, megaclientes. Si tú tuvieses un bar como éste me imagino que tratarías con todo el respeto a cualquier cliente que pasase alguna vez por aquí ¿no?

–Por supuesto. En mi juventud trabajé de camarero y siempre fui extremadamente respetuoso con todos y cada uno de los clientes.

–Pero ¿y si se tratase de un fiel cliente que viene cada día?

–Hombre, pues todavía mejor que al ocasional. Por desgracia no es tan fácil tener clientes fieles en ningún negocio.

–Eso es muy cierto. ¿Y cómo tratarías a un cliente que, además de ser tan fiel, recomienda constantemente tu negocio y trae nuevos clientes?

–Hombre, pues a ese cliente tan bueno incluso le invitaría de vez en cuando a comer, por supuesto.

–En mi vocabulario de palabros, ese sería entonces, un supercliente.

–Pero tú dijiste "megacliente", no "supercliente".

–¡Ja, ja, ja…! Es que aun no he llegado al final de la explicación. Un poco de paciencia Jorge.

–Perdona Joe. Escucho.

–Sigamos. ¿Y si ese supercliente es capaz de traer a tu negocio, además de nuevos clientes, también nuevos superclientes que estén trayendo constantemente nuevos clientes, o incluso nuevos superclientes, etcétera?

–Madre mía Joe. A ese le trataría como si fuese un verdadero amigo.

–¿Con respeto?

–Mucho.

–¿Con paciencia?

–Mucha.

–Bueno, pues ya sabes lo que es un megacliente. Y eso es exactamente lo que serán tus distribuidores con el tiempo, verdaderos megaclientes. ¿Te das cuenta de la locura que supone tratarles como empleados?

–¿Y por qué no vemos algo tan evidente?

–Porque os olvidáis que vuestro negocio depende de vosotros y de vuestro esfuerzo, no de vuestros distribuidores. Una cosa es motivar a tus socios y retarles a alcanzar ciertos objetivos y otra pretender meter tres o cuatro amigos o conocidos al negocio y que sean ellos los que saquen vuestro negocio adelante. Eso es un grave error porque sin darte cuenta acabarás presionándoles o culpándoles de tu falta de resultados. Esa actitud, además de desmotivarles, te alejará de algunos de ellos como ya te ha pasado. Los amigos son amigos, no obligatoriamente tus mejores socios. Lo único que podrás hacer de manera efectiva es seguir dando ejemplo. Si ves que no están enfocados, sigue prospectando, sigue recomendando tu negocio a más personas; o lo que es lo mismo, sigue haciendo un gran Paso Uno. Ese será el mejor antídoto contra su falta de enfoque. Por supuesto que podrás contarle tu historia y ayudarles a encontrar sus Motivacciones personales, pero meterles presión solo te servirá para que un día desaparezcan sin despedirse. Parece muy evidente pero en la práctica no siempre lo es. Hasta la naturaleza tiene ejemplos sencillos de ver para esto.

–¿También para esto?

–La naturaleza está llena de sentido común. Mira esa planta de ahí –me dice señalando una maceta que está frente a nosotros–. Está muy bonita pero ¿qué crees que le pasaría si, para que creciese mucho más rápido, le echase mucho más abono del adecuado?

–Pues que la quemarías.

–¡Exacto! Una cosa es abonar la planta para que crezca fuerte y otra muy distinta es no respetar sus procesos de desarrollo. Abonar en exceso es como presionar a tus socios en exceso por tu falta de prospectos. ¿Te recuerda esto a alguien?

–¡A mi vecino! Me presiona para hacer reuniones. Teníamos una relación muy bonita y ahora cada vez que hablamos lo primero que me pregunta es si tengo alguna persona para presentarle el negocio. Me estaba empezando a agobiar bastante.

–Tu vecino ha caído también en esta trampa y, por lo que me cuentas, ya has notado en tus carnes la sensación de rechazo y agobio que casi te hace abandonar tu negocio. Toma nota de esa sensación para no olvidarla en el futuro. Por cierto, ¿qué vas a hacer al respecto con tu negocio y tu vecino?

–Pues buscar en mi línea de auspicio los líderes con verdaderos resultados para que me ayuden con mi Paso Uno. Ya tengo claro que este negocio depende de mí y no de mi vecino ni de nadie más.

—¡Esa respuesta me ha gustado! De hecho hasta él mismo se alegrará, con el tiempo, de que te vaya bien. Seguro que le eres mucho más útil así que dejando el negocio como estabas a punto de hacer, ¿no crees?

—Totalmente de acuerdo.

—Me alegro que estés prestando tanta atención. Gracias.

—En todo caso gracias a ti Joe. Tú eres el que se merece mi agradecimiento por compartir conmigo tu experiencia. Yo solo escucho.

—¿Y te parece poco escuchar? Son muchos los que oyen y pocos los que escuchan. De todas formas lo importante será que lo recuerdes intensamente cuando estés en el campo de batalla.

—¿En el campo de batalla? Yo soy pacifista Joe.

—¡Ja, ja, ja…! Yo también lo soy, pero ellos no. Tendrás que luchar para defenderte.

—¿Pero de quién hablas Joe? ¿Quiénes son "ellos"?

—La batalla es en tu mente y "ellos" son los virus mentales de los que tanto hemos hablado ya.

—¡Ah, vale! ¡Los malditos virus mentales! Perdona…

—Perdóname tú si me repito, pero es que es tan importante como difícil que entiendas y recuerdes siempre que tus peores enemigos están en tu interior y son los más difíciles de detectar. En mi ya larga vida he visto pequeños intercambios de opiniones que han terminado en verdaderos dramas y peleas por no controlar a estos perniciosos virus mentales. Querer tener siempre razón desgasta mucho te crea muchos problemas. No te engañes a ti mismo pensando que lo que pasa es que "tengo mucho carácter". Eso es lo que quiere que pienses el virus iracundo que te está susurrando barbaridades en tu mente.

—Es cierto que las personas, cuando se enfadan, parece otras. A Sara cuando se enfada le cambia la mirada, la voz y hasta el vocabulario que utiliza no parece suyo.

—¿Y tú no?

—Hombre yo no tanto. Creo…

—¡Ja, ja, ja…! Ese "creo" me suena a que habrá que verte a ti cuando caes presa de alguno de estos virus iracundos.

—Hombre… Yo…. Creo…..

–Lo que pasa es que no te ves. Mírate en un espejo un día que estés enfadado y prepárate para el susto de tu vida. Una cosa curiosa de la vida es que vemos las expresiones corporales y faciales de todos los que nos rodean menos de nosotros mismos, a no ser que sea en un espejo. De hecho, para cuando empieces a hacer presentaciones de negocio y talleres en el Paso Dos, sería muy bueno grabarte en video para, igual que con las palabras, mejorar tu lenguaje; esta vez el corporal.

–Entonces ¿cómo lo hago para que no me afecte cuando alguien me venga con cuestionamientos infectados por esos virus?

–Lo mejor es tratar de no entrar en conflictos que puedan desatar la guerra. Como cualquier guerra, se sabe cómo empieza pero no cómo acaba. Y te aseguro que cualquier conflicto sin importancia aparente puede acabar muy mal si no reina la cordura en ninguna de las partes involucradas. Evita los conflictos. Dos no discuten si uno no quiere. Defiende tu opinión si crees que es necesario, pero si ves que la otra persona o tú estáis demasiado nerviosos, aplaza educadamente la conversación para otro momento menos estresante en donde llegareis a una mejor solución para la problemática en cuestión.

–Me parece que es más complicado que eso.

–Lo es. Pero de nuevo, la práctica hace al maestro. Por eso lo de "Aprender a Aprender". Para llegar a donde quieres llegar, tienes que volver a aprender unas cuantas cosas, y como ya te dije, una de ellas es tu relación con las personas y contigo mismo. ¿Quieres otro pequeño truco para esto?

–Por favor Joe. Cualquier sugerencia será bienvenida.

–En cualquier relación humana que se te plantee en cualquier ámbito de la vida te ayudará mucho recordar y practicar tanto la Regla de Oro como la Regla de Plata, ¿las conoces?

–¿Con la Regla de Oro te refieres a "Trata a los demás como querrías que te tratasen a ti mismo"?

–¡Exacto! Me alegra que la conozcas. Se ha utilizado en todas las culturas, desde el antiguo Egipto hasta la actualidad. ¿Y la de plata?

–¿La de plata? Ni idea Joe.

–La de plata es "No hagas a los demás lo que no quisieras que hagan contigo."

–Pero es lo mismo.

–Parecen lo mismo, pero más bien son complementarias. A veces la acción correcta será "hacer algo" o "decir algo", y muchas otras será "no hacer algo" o "no decir algo" en ese momento lo que será más beneficioso para el bien común. Don José solía recordarme un proverbio oriental que dice "El sabio no dice todo lo que piensa, pero piensa todo lo que dice". La prudencia y la empatía te evitarán muchos problemas y posteriores remordimientos por decir cosas que no querías.

–Pero ¿no crees que evitar defender la posición que crees correcta es un poco cobarde? A mí me gusta defender mi posición enérgicamente cuando creo que tengo razón.

–¿Estás totalmente seguro de tener tanta razón?

–Hombre, a veces sí.

–Cuidado con lo de tener razón. Tener razón, además de adictivo, es peligroso porque tú solo puedes ver una perspectiva de la realidad, la tuya. Hay gente que se pasa la vida teniendo la razón de todo y eso les hace presos del virus de la soberbia, que les lleva a una falta de humildad tan acentuada que acaban no entendiendo nada. Y todo por entenderlo todo demasiado rápido. Serán el tiempo y tus acciones las que te darán la razón, no tus palabras.

–Hombre ya, pero…

–¿Y crees que es cobarde evitar un drama emocional? Para mí, es una de las características de una persona sabia que ha comprendido cómo funciona la mente humana. No escapa a la situación sino que simplemente espera a otro momento más oportuno y tranquilo para tratar el tema en cuestión. La valentía no consiste en pelearse por tener la razón. Además, no se trata de valentía o de cobardía sino de inteligencia, de inteligencia emocional. Controlas las emociones que en ese momento están a punto de entrar en erupción para evitar una erupción en cadena. ¿Sabes lo que te diría Don José si te escuchase hablar de valentía en esos términos?

–No, pero intuyo que me lo vas a decir.

–El te miraría sonriente y te diría, "hijo, de valientes como tú están los cementerios llenos".

Nos quedamos en silencio. Esa frase, dicha de esa manera y viniendo de Joe, me hace entender en un instante que todas esas broncas que he tenido en mi vida por creer que tenía la razón me han causado infinidad de problemas, y que incluso podrían haber tenido consecuencias muy graves. Vienen a mi mente imágenes de mí mismo conduciendo como un loco por la carretera después de una bronca con Sara. Poniendo en riesgo mi vida y la de los que se cruzasen conmigo. Las imágenes que aparecen en mi mente me ponen los pelos de punta.

—Es verdad Joe. Si te soy sincero, yo estoy vivo de milagro.

—Tú y casi todo el mundo hemos tomado riesgos innecesarios por tomar decisiones en caliente. En esas ocasiones, los virus mentales aprovechan para utilizar otra de sus estrategias, hacer suposiciones. Las suposiciones son muy peligrosas y casi siempre hacen mucho daño a las personas. Son ataques a tu serenidad, y a la de los demás. Normalmente son negativas y quieren crearte dudas sobre algo o alguien. Quieren que tengas conflictos. Inventan todo tipo de dudas en tu cabeza que por momentos parecen absolutamente reales. Las suposiciones crean infinidad de problemas y peleas entre las personas por cosas que no existen. Y lo más increíble es que muchos de esos malentendidos se evitarían, simplemente, preguntando. ¿No crees?

—Hombre, pues sí. Preguntar ayudaría mucho. Pero eso es de sentido común.

—¡Ja, ja, ja…! ¿Y por qué crees que dicen que el sentido común es el menos común de los sentidos? Te aseguro que los virus mentales prefieren hacer suposiciones que preguntar. Y ya que estamos hablando de preguntar, apunta, porque vamos a ir a por la Séptima Palanca Mágica.

—¿La séptima palanca? Venga, estoy ansioso por conocerla.

—Está bien. Ahí va. A ésta la he llamado, "Pregunta como Sócrates".

—Ya te aseguro que el nombre tampoco lo voy a olvidar jamás, pero de nuevo me lo vas a tener que explicar porque me he quedado como estaba.

—Pero conoces a Sócrates ¿verdad?

—Hombre pues claro, pero no sé a qué te refieres exactamente.

—¡Guau, cómo se pasa el tiempo? —me dice tras mirar el reloj—. ¿Qué te parece si seguimos hablando de esta palanca y de Sócrates en el lugar que te quería enseñar mientras nos deleitamos con este atardecer?

–Me parece genial. Me encantan los atardeceres.

–¡Pues vamos entonces!

Nos subimos al coche y las instrucciones de Joe nos llevan a una carretera secundaria entre campos de naranjos. Con cada giro, nos vamos acercando cada vez más a un montículo con forma piramidal que, por lo que parece, es nuestro destino. Tras los llanos caminos impregnados del perfume del azahar, comenzamos el ascenso. Cambiamos el paisaje de los árboles frutales por otro con poca vegetación y lleno de rocas que, a medida que ascendemos, comienzan a tener formas redondeadas dignas del mejor de los escultores.

–¿Has visto qué gran artista está hecho el viento? –me pregunta Joe al ver mi cara de asombro por las variopintas formas de las rocas.

–¡Ya lo creo! Muchas de estas rocas podrían estar en un museo. Es un lugar muy especial. Nunca escuché hablar de él.

Acaba la carretera y aparcamos el coche para subir el último tramo hasta la cumbre a pie. Tras un par de traspiés, debido a lo agreste del camino, llegamos a la última gran piedra, que corona la colina. Al levantar la mirada, aparece ante mí una impresionante panorámica con el sol justo frente a nosotros. La belleza del momento nos envuelve de tal forma que nos deja a ambos sin poder pronunciar palabra alguna durante algunos instantes.

–Impresionante, ¿no? –finalmente es Joe quien rompe el silencio.

–Tenías razón. Realmente es un lugar mágico.

–Yo suelo venir siempre que puedo. Gracias a su panorámica de 360 grados, se pueden ver atardeceres y amaneceres asombrosos durante todo el año. Para mí son momentos muy inspiradores. Y además, con estas rocas tan oníricas rodeándonos, se convierte en un lugar único.

–Gracias por compartir conmigo este lugar Joe. Pero, o me equivoco, o habíamos venido para hablar de Sócrates.

–Tienes razón Jorge. Perdóname. Es que este lugar me trae muchos recuerdos. Vamos al tema. Antes empezamos a hablar sobre las preguntas. Como ya te dije, te ayudarán a evitar hacer todas esas suposiciones que tantos malentendidos y problemas provocan en el trato con los demás. Siempre es mejor preguntar que suponer. Pero a mí siempre me ha fascinado el poder que tienen las preguntas a la hora de transmitir una idea a alguien. Y ahí Sócrates fue el mayor de los maestros. De hecho, llevó el arte de preguntar a tal nivel de perfección que se acuñó un nuevo término para referirse a su método, la mayéutica.

–¿La mayéutica? Tampoco había oído nunca ese término.

–Verás Jorge, antes hablamos de las suposiciones y sus riesgos. La mala noticia es que las personas, con las que te querrás comunicar y compartir tu negocio, llevan toda la vida creyendo en suposiciones. Algunas suyas y otras inculcadas por otras personas. Ese cúmulo de suposiciones en las que creyeron, son lo que llamamos prejuicios. Y el problema con los prejuicios es que impiden ver las cosas como realmente son. Es más, aunque venga alguien como tú, y les explique algo lleno de sentido común, los prejuicios les impedirán escucharlo. Te oirán pero no te escucharan. Los prejuicios son como tapones en los oídos. Los prejuicios les impedirán interiorizar y analizar objetivamente tus palabras.

–Perdona que te interrumpa Joe, pero esa es exactamente la sensación que tuve al hablarles a mis conocidos del negocio.

–Tus amigos y conocidos son los que más prejuicios tienen sobre ti. Así que tendrás que tener paciencia con ellos.

–La paciencia está bien pero, ¿cómo hago para que me escuchen en vez de oírme?

–Yo solo conozco dos formas de llegar a las personas sin que sus prejuicios les saboteen. De una ya hablamos largo y tendido, contar tu historia personal cuando la tengas. La otra es preguntar como Sócrates. Verás, este gran filósofo era una persona muy inteligente y se dio cuenta de que sus argumentos muchas veces no hacían mella en sus discípulos debido a la cantidad de prejuicios mentales que tenían al llegar a ciertos temas. Llegaba a un punto en donde sus argumentos no servían de nada. Entonces comenzó una estrategia diferente. En vez de darles sus argumentos decidió que fuesen sus discípulos quienes llegasen, por ellos mismos, a la conclusión que él les quería enseñar.

–¿Por ellos mismos? ¿Cómo?

–Pues haciéndoles preguntas. Él desarrolló el arte de hacer las preguntas correctas para ir guiando el pensamiento del discípulo hacia donde él quería que llegase. La diferencia es que si tú le das un argumento a alguien pensará que se lo estás imponiendo, pero si es él mismo quien llega a esa conclusión en su mente, la sensación será muy distinta. Al preguntar así, estarás enfrentando a las personas con ellas mismas y sus realidades. Te saltarás sus prejuicios y les ayudarás a ser sinceros consigo mismos. Don José insistía mucho en que la clave de este negocio era conseguir hacer las preguntas correctas a las personas correctas. Las preguntas son, junto a las historias personales de las que ya hablamos, tus mejores aliadas. Con tiempo y esfuerzo te convertirás en un maestro en el arte de contar historias y en el de hacer preguntas. Mucha gente se va de una presentación de negocio sin haberse enterado de casi nada por haberle intentado convencer solo con argumentos y cifras. No escucharon, solo oyeron. Si quieres que te escuchen de verdad, cuéntales tu historia de tal manera que sea fácil que se identifiquen con ella, y hazles preguntas al estilo de Sócrates.

—Ya. ¿Pero cómo preguntaba Sócrates?

—Por ejemplo, si yo te pregunto, ¿te gustaría mejorar tus finanzas personales? ¿Qué responderías?

—Pues…

—¡No, no me lo digas! Apunta la respuesta mentalmente.

—Y si te preguntase, ¿crees que en tu actual empleo estás desarrollando tus mayores potencialidades?

—Pues…

—¡No, no me lo digas!

—Y si te preguntase, ¿piensas que haciendo las cosas como las has hecho hasta este momento, alcanzarás la vida que te mereces?

—Me callo —le digo irónicamente.

—Y si también te preguntase, ¿estás dispuesto, por ti y por tu familia, a esforzarte para alcanzarla?

En ese momento se calla y me mira directamente a mis ojos que, debido a sus incisivas preguntas, noto que están empezando a humedecerse de nuevo.

—¿Te das cuenta? Te has emocionado. He conseguido sin hacer ninguna afirmación ni utilizar ningún argumento que te conectes contigo mismo. Te he enfrentado a ti mismo y tus prejuicios no pueden rechazar la información porque no viene de fuera sino de dentro de ti. Has de guiar con preguntas a las personas para que sean ellas mismas las que lleguen a sus propias conclusiones, como hacía Sócrates. Esas preguntas les harán entender que tienen una necesidad de mejorar ciertos aspectos de su vida para poder aspirar a una vida mejor. Solo a partir de ese momento estarán abiertos a escuchar tu propuesta de negocio para solucionar esa necesidad. Éste es un negocio emocional y para conectar con las emociones nada mejor que una buena historia personal de superación o una buena pregunta. Aunque a veces los argumentos y datos son necesarios, nunca les des prioridad frente a las preguntas y las historias. Los primeros les conectaran con su mente lógica, y ahí es difícil que no caigan presa de sus propios prejuicios paralizantes. Por el contrario, si te acostumbras a hacer las preguntas correctas y a contar tu historia, además de evitar sus múltiples prejuicios, les conectarás con su parte emocional, que es el lugar donde se toman decisiones nuevas e importantes. Dime algo, te dije que no me contestases a las preguntas que te hice antes, pero ¿crees que conozco las respuestas?

–Por supuesto que las conoces Joe. Son obvias.

–¿No crees que serían igual de obvias para 90% de las personas de esta sociedad?

–Imagino que sí.

–¿Y si después de esas preguntas les preguntases si quieren escuchar cómo estás consiguiendo tú, con la ayuda de un grupo de empresarios exitosos, resolver esas problemáticas, consiguiéndoles una cita con ellos para que también se beneficien de este sistema de negocio? ¿Te das cuenta que todavía no he utilizado ni un solo argumento, ni he contado nada que pueda llevar a malentendidos?

–Pero ¿a quién se lo digo? Ya la he cagado con casi todos mis conocidos.

–Un consejo que yo le he dado a muchas personas con tu problema es comentárselo a todas esas personas que, por sus trabajos, sabes que te contestarían igual que tú a las preguntas anteriores. Te pondré un par de ejemplos. El ex-camarero que me ponía el café en el bar que había junto a mi casa, se convirtió, tras escuchar una presentación, en uno de mis mejores socios, que también alcanzó la libertad financiera hace tiempo. Otra de mis mejores y más fieles socias es la mujer que venía a fregar las escaleras de mi edificio. Te sorprenderá ver los potenciales que hay dentro de las personas con trabajos humildes y mal remunerados. Muchísima gente que se siente insatisfecha, tanto económica como profesionalmente, está esperando una oportunidad de crecer profesionalmente pero no saben cómo empezar. Y tú tienes para ellos una forma de empezar accesible a sus posibilidades de tiempo, económicas y académicas. También hay otros que tienen dinero pero lo que no tienen es tiempo libre de calidad. Hemos creado una sociedad de insatisfechos, una sociedad en la que el que tiene dinero no tiene tiempo para disfrutarlo, y el que tiene tiempo no tiene el suficiente dinero. Tu estudiaste economía, ¿recuerdas el término "ventaja competitiva"?

–Sí, claro. Es la característica ventajosa que me hace diferente a la competencia.

–Muy bien. Pues el multinivel tiene la gran ventaja competitiva, frente a cualquier empleo o negocio tradicional, de poder alcanzar la libertad financiera. La libertad financiera no se refiere solo a la posibilidad de ganar un buen dinero, sino que te permite, a través de la creación un ingreso residual, alcanzar el equilibrio entre el tiempo y el dinero. La mayoría de empresarios tradicionales exitosos pueden ganar mucho dinero con el que pueden comprar muchas cosas, menos una.

–¿Ah sí? ¿Cuál?

–El tiempo libre, y de calidad, que para mí es lo más importante de la vida. Y con tiempo libre no me refiero más tiempo para dormir, sino tiempo para hacer todas esas cosas que me gusta hacer por el simple placer de hacerlas. Desde irme a otro país a tirarme en paracaídas hasta poder ayudar a los chicos del equipo de basket que conociste. El abanico de posibilidades es más grande de lo que imaginas. Ya te dije que el tiempo es el bien más escaso que tiene cualquier ser humano. Muy poca gente disfruta de ese equilibrio entre tiempo y dinero y tú puedes mostrarles un camino para alcanzarlo.

–Tienes razón Joe.

–Eso respecto a los posibles nuevos socios. Pero volviendo al tema, las preguntas también te serán de inestimable valor a la hora de motivar a los miembros de tu equipo cuando lo necesiten.

–¿Qué preguntas me ayudarán ahí?

–Haciéndoles las preguntas correctas, les ayudarás a conocer sus Motivacciones personales. Y así, al conocerlas, podrás recordárselas en esos momentos de bajón, por los que todos pasamos en algún momento. Eso les reconectará de nuevo con ellas y volverán a coger la fuerza necesaria para seguir adelante. Sus virus mentales tratarán de que las olviden, pero ahí estarás tú para recordárselas.

–Al final convertir una simples preguntas en detonantes para emprender la acción y recuperar la motivación también sería alquimia ¿no?

–¡Exacto Jorge! Te felicito. Estás entendiéndolo todo muy rápido. Ahora solo falta lo más importante, que lo pongas todo en marcha. Ya te dije que los mapas o los sistemas no te llevarán a ningún sitio a menos que te esfuerces y para ello ya sabes que lo principal es saber por qué quieres llegar. Y ese trabajo solo lo puedes hacer tú.

–Encontrar mi Motivacción. Estoy en ello. Por cierto, todavía no me has dicho cuál es la tuya.

–Todo a su tiempo, amigo mío. Espero que algún día no muy lejano la puedas ver con tus propios ojos. Si te lo contase, le quitaría el efecto sorpresa.

–De acuerdo, me parece bien. Pero me dejas muy intrigado.

–¡Ja, ja, ja…! Pues no te intrigues tanto y concéntrate en rebuscar en lo más profundo de ti para encontrar la tuya. Eso es lo más importante ahora. Cada cosa en su momento. ¿Qué te parece si ahora admiramos lo bello que está el sol en su ocaso?

Nos quedamos los dos mirando el sol, que se esconde poco a poco tras unas suaves colinas que forman el horizonte, en un profundo e intenso silencio que convierte este atardecer en un momento inolvidable.

–¿Vamos Jorge? –tras unos minutos Joe me saca del trance en el que estaba inmerso.

–Sí, las mujeres estarán echándonos de menos. ¡Por lo menos a mí! –bromeo.

–¿Cómo que a ti? ¡Ja, ja, ja…! –nos reímos juntos como dos adolescentes. La verdad es que a veces tengo la sensación de conocer a Joe desde siempre.

La Piedra y la Luna

Cuando llegamos vemos a Mary y a Sara sentadas en el porche de la casa que nos saludan levantando las manos. Se las ve muy sonrientes y eso me alegra. Nos dirigimos directamente a darles nuestro saludo en forma de besos y ellas nos los devuelven con intensos abrazos incluidos.

–Joe, hemos preparado tu plato favorito para cenar –me quedo sorprendido por la forma en que Sara se dirige a Joe. Se nota que Mary la ha hecho sentir como en casa–. ¡Y también el tuyo Jorge! –me dice Mary a la vez que se miran entre ellas en claro signo de complicidad.

–¿Tortilla de patata y cebolla? –preguntamos a la vez Joe y yo antes de mirarnos entre nosotros con cara de sorpresa.

–¿Tu plato favorito también es la tortilla? –preguntamos de nuevo a la vez justo antes de echarnos los cuatro a reír.

–¡Causalidades, amigo mío! –me dice Joe cogiéndome del hombro para entrar en la casa, no sin antes dejar paso educadamente a las mujeres.

Cenamos las dos tortillas de patata, una hecha por Sara y otra por Mary. Son distintos estilos pero ambas son verdaderos manjares. Tras la cena nos sentamos en los confortables sofás y pasamos un rato muy divertido mientras Joe le cuenta la historia de la canasta a Sara, que está alucinando. A la que noto un poco rara es a Mary. Su forma de mirar a Joe mientras cuenta la historia es diferente a otras ocasiones. Desde la llamada que recibieron esta tarde la noto distinta. Aunque no ha dicho nada al respecto, su mirada ha perdido su habitual alegría. Entre pensamiento y pensamiento veo cómo Joe mira el reloj de la pared y, a continuación, se pone en pie.

—Señoras, infinitas gracias por el banquete pero sintiéndolo mucho Jorge y yo tenemos que terminar de hablar algunas cosas antes de que partáis hacia vuestra casa. No sé cuando vamos a poder volver a vernos y son temas muy importantes.

—Id tranquilos. Mary y yo también tenemos nuestras cosas de que hablar —me quedo asombrado de nuevo por la comprensión y la respuesta de Sara. Realmente estar con Mary le está sentando muy bien.

Salimos y nos dirigimos caminando hacia el lago.

—¿Por qué te han entrado las prisas tras mirar el reloj? —digo en un alarde de observación.

—¡Todo a su tiempo! Coge esta linterna, no quiero que tropieces.

En la oscuridad de la noche, solo rota por la luz de las linternas, llegamos al lago y nos sentamos en unas piedras que hay cerca de la orilla que parecen talladas para la ocasión. En ese momento la luna está comenzando a salir frente a nosotros, justo sobre la vegetación que puebla el otro lado del lago. Hoy es un día lleno de hermosos paisajes. Todavía no he podido olvidar el místico atardecer y ahora me encuentro frente a dos enorme lunas rojizas. Una, redonda y estática, flota justo sobre el horizonte. Otra, alargada y parpadeante, aparece reflejada sobre el cósmico espejo que parecen las tranquilas aguas del lago.

—Bonito ¿no? —dice Joe en voz baja y aguda.

—Espectacular Joe.

—Hemos venido a este lugar tan onírico porque quiero hablarte de algo que tiene que ver con los sueños. Pero antes de comenzar quiero que hagas algo.

—Dime Joe.

—¡Coge esta piedra! —me lanza suavemente una redondeada piedra que saca del bolsillo y que tiene el tamaño de una bola de golf.

—Muy bien, ¿y ahora? —le digo mientras jugueteo con la piedra.

—¿Crees que serías capaz de lanzarla hasta el otro lado del lago?

—¿Cruzar el lago? ¡Pero si habrán más de cien metros Joe!

—Por intentarlo no pierdes nada. ¡Venga, lanza y no te quejes tanto!

—Está bien, está bien, ya voy.

Reculo unos metros para poder coger carrerilla y lanzar con más fuerza. No creo que sea capaz de cruzarlo entero, pero voy a intentarlo con todas mis fuerzas. Respiro profundamente para concentrarme, y avanzo con el estilo de un lanzador de jabalina hacia la orilla para aprovechar cada centímetro. La piedra sale disparada de mi mano a la vez que, a causa de la inercia de la carrera, meto el pie derecho en el agua.

—¡Ja, ja, ja…! —Joe se destornilla de risa al verme cómo salto hacia atrás para evitar lo inevitable. Tengo el pie empapado. Pese a ello, levanto rápidamente la mirada para ver hasta dónde llega la piedra. Tras una parábola que no está nada mal, la piedra cae en el lago a unos veinticinco o treinta metros de la otra orilla provocando las correspondientes ondas que desdibujan el reflejo de la luna en el agua.

—¡Casi! —me doy ánimos a mí mismo.

—¿Casi? —responde Joe—. ¡Pero si te han faltado por lo menos treinta metros!

—¿Tú lo puedes hacer mejor? —le reto un poco mosqueado por sus palabras.

—Esa no es la cuestión ahora. Te preguntarás por qué te hago lanzar una piedra.

—Pues sí. Estoy deseando saberlo.

—Enseguida lo entenderás. Es parte de la "Octava Palanca Mágica". Pero en este caso te daré el nombre de la palanca más tarde.

—Tú y tus misterios. De acuerdo Joe, te escucho.

—Verás Jorge, ya hablamos de que los objetivos son el "dónde", el rumbo a seguir. Pero ahora quiero hablarte del tamaño de los objetivos. ¿Cuál es tu objetivo en tu negocio multinivel ahora?

—Pues de momento ganar un buen sueldo extra. Aunque lo ideal sería que, con el tiempo, fuese lo suficientemente grande para poder dejar mi trabajo de contable. ¿Está mal?

—No, está muy bien. Ese es el objetivo inicial de casi cualquier persona que entra a este negocio en tus circunstancias.

—Sería genial poder decirle adiós a mi jefe y a la montaña de papeles de mi mesa.

—Eso está bien. Pero si tu objetivo es solo ganar un dinero extra o un sueldo, lo más posible es que ni siquiera llegues a ganar eso. Es muy importante que, además de los imprescindibles objetivos a corto plazo como el que me has dicho, tengas claros objetivos a medio y largo plazo desde el principio. Es decir, objetivos grandes que hoy todavía te parezcan inalcanzables. Es cierto que, al principio, un sueldo en condiciones o mandar a paseo a tu jefe son objetivos que nos ayudan mucho. Pero si no tienes sueños más grandes bien claros y definidos, no llegarás hasta donde yo quiero que llegues.

—¿Y a dónde quieres que llegue Joe?

—Yo quiero que llegues a ser la mejor versión de ti mismo que jamás soñaste ser. Quiero que llegues a disfrutar de la libertad financiera que yo disfruto hace años. Quiero que, con tu historia y tu ejemplo, impactes miles y miles de vidas para que despierten de su letargo y desarrollen sus potencialidades. ¿Te parece poco?

—Eso sería maravilloso Joe.

—Te voy a contar una historia que me contó Don José.

—Por favor.

—Un día, cuando él todavía era un chaval, acompañó a su abuelo, que era considerado un sabio por mucha gente, a un pueblo que no conocía para comprar provisiones. En aquellas fechas el pueblo estaba en fiestas. Vieron un gran tumulto de gente y ambos se acercaron para ver qué pasaba. Don José observó que, junto al gran río que por allí pasaba, había un numeroso grupo de sonrientes y alegres hombres que, uno tras otro, lanzaban una piedra en dirección al río. Entonces su abuelo, le explicó que era un juego y, tras darle unas breves explicaciones sobre el mismo, pidió al organizador que le dejara intentarlo a su nieto. Nadie se opuso y le dieron una piedra al chaval para que la lanzase. Don José se concentró, y allá que fue corriendo a lanzar su piedra. De pronto, todo el mundo se quedó en silencio, al que siguieron gritos y aplausos. Todos aplaudían y miraban al joven Don José. Él no entendía por qué le miraban y aplaudían tanto.

—¿Cómo has hecho eso, chico? —le preguntó el hombre al joven Don José.

—¿Cómo he hecho qué? —respondió un poco preocupado por si había hecho algo mal.

—Has cruzado el río con la piedra. ¡Nunca nadie lo había conseguido!

—¿Pero el juego consistía en cruzar el río? —el joven no entendía nada.

—¡Pues claro chico! ¿Cuál pensabas que era el objetivo del juego?

Entonces el joven Don José miró a su abuelo que estaba a unos metros, y que le observaba sonriente. Él conocía bien esa sonrisa de su abuelo y empezó a entenderlo todo. El chico se dirigió a su interlocutor que estaba esperando una respuesta.

—La culpa es de mi abuelo. Me explicó mal las reglas.

—¿La culpa? ¿De tu abuelo? No te entiendo —el hombre estaba lleno de curiosidad.

—Él me explicó que el objetivo del juego era ¡darle a la Luna! —concluye Joe sonriente para, a continuación, quedarnos en silencio unos momentos, que aprovecho para reflexionar sobre la historia.

—¡Guau! Menuda historia.

—Así que, querido Jorge, ahí tienes el nombre de la octava palanca mágica, "Tírale a la Luna".

—Me la podías haber contado antes de tirar la piedra. A lo mejor apuntando a la luna hubiera tenido más suerte. Además, está justo en la dirección de lanzamiento. ¿No es una casualidad verdad? —ahora entiendo las prisas repentinas de Joe tras la cena.

—¿Quieres probar de nuevo? —me dice sonriente mientras se pone a juguetear con otra piedra muy parecida a la primera que vuelve a sacar del bolsillo.

—Por supuesto. ¡Pásamela!

—Pero esta vez ya sabes a dónde apuntar ¿no? —me aclara a la vez que me lanza la piedra, que cojo al vuelo.

—¿Tú qué crees?

Esta vez me sitúo un poco más hacia atrás para tener más espacio para la carrerilla. La luna está justo frente a mí. Ya es menos rojiza y está un poco más alta. La miro, me concentro y comienzo la carrera que acabo lanzando la piedra con todas mis fuerzas. No sin meter otra vez el pie entero en el agua, pero ya me da igual. Tengo que cruzar el lago. Miro rápidamente hacia el horizonte para ver el resultado del lanzamiento.

—¡Uyyyyy! Ahora sí que has estado cerca Jorge —apunta Joe.

La piedra no ha llegado a la otra orilla pero, increíblemente, ha faltado mucho menos que en el primer intento. Apenas se ha quedado a unos diez metros de la orilla.

—Pues sí, ha estado mucho más cerca, pero no lo he conseguido. ¿Puedo intentarlo otra vez?

—Tranquilo, está bien. Piensa que, aunque no lo hayas cruzado entero, has llegado bastante más lejos que la primera vez. Lo importante es que te acuerdes siempre de la potencia que tiene apuntar a objetivos grandes. Siempre llegarás más lejos que aspirando a lo justito. No siempre alcanzarás los objetivos a la primera, pero tu perseverancia lo hará por ti. Lo importante es tirarle a la luna.

—Gracias Joe por todas estas vivencias. Estoy aprendiendo muchas cosas que no creo que hubiese entendido si no hubiese sido así, con tus ejemplos, tan gráficos e inolvidables.

—De nada Jorge. Ya te he dicho que es un placer.

—Pero el problema que le veo a esto de apuntar tan alto como la luna es que esos objetivos tan grandes los veo demasiado inalcanzables, y no sé yo si servirán para motivarme o para lo contrario.

—Son todos complementarios e importantes. Los objetivos pequeños a corto plazo, como por ejemplo hacer un gran Paso Uno o ganar un sueldo que ya te permita vivir del multinivel, son fundamentales porque te dan recompensas que puedes disfrutar casi desde el principio. Yo recuerdo la motivación que me dio el simple hecho de firmar al primero de mis socios. También recuerdo el primer sueldo mensual que alcanzó los mil dólares. Son pequeños grandes hitos que son maravillosos y nos ayudan mucho en su momento. Pero como te he demostrado con la piedra, si tienes también objetivos altos, llegarás más lejos. Por ejemplo, los corredores de maratón para no desmotivarse se concentran en cada zancada, pero ellos también tienen muy claro a dónde quieren llegar, que no es otro sitio que a la meta final. Además esos objetivos grandes te parecen inalcanzables porque has caído en la "Octava Trampa Letal".

—¿La octava trampa? A ver cómo has llamado a ésta —me espero cualquier cosa.

—A esta última trampa la he llamado "Ver solo con los ojos".

—¿Ver solo con los ojos? ¿Y con qué quieres que vea, con los pies?

—¡Ja, ja, ja...! ¡Ver con los pies! Me muero de risa contigo Jorge.

—Pues no te rías tanto y explícamelo.

—De acuerdo. Para utilizar el poder de los objetivos grandes, es decir tus sueños más preciados, lo primero que tendrás que hacer es diferenciar la vista de la visión.

—Pues no sé tú pero yo solo veo por los ojos.

—Por supuesto que la vista es un sentido que llevamos a cabo a través de los ojos. En cambio la visión es otro sentido menos conocido que se desarrolla, no con los ojos, sino con la mente y el corazón. Con la vista ves cosas materiales, pero con la visión ves cosas que todavía no se han materializado. Y digo "todavía" porque la clave de una buena visión es tener plena convicción de que solo es cuestión de tiempo que se haga realidad. De hecho, Don José siempre me decía que debía "recordar el futuro".

—¿Recordar? En todo caso querrás decir "imaginar el futuro".

—He dicho lo que quería decir, "recordar el futuro". En realidad, si la imagen del objetivo en tu mente y el sentimiento de convicción en tu corazón son lo suficientemente grandes y nítidos, tendrás la sensación de que es un recuerdo, como si ya hubiese pasado, y no una proyección en un futuro imaginario. La visión debe ser algo que tengas claro y te acompañe cada día. De hecho todos los grandes inventos y logros de la humanidad antes de hacerse realidad han sido visiones en las mentes y los corazones de sus creadores.

–Entonces ¿qué hacemos con esa famosa frase de "si no lo veo, no lo creo"?

–Pues que si utilizas la alquimia una vez más, diríamos algo así como "si no lo crees, nunca lo verás". Así de simple.

–¿Así de simple? Será simple para ti.

–Indudablemente, para que la visión tenga poder, la convicción en tus posibilidades ha de ser grande, muy grande. De hecho, para el tipo de convicción a la que me refiero solo existen dos opciones. La primera es "Sí".

–¿Y la segunda? –pregunto ante la pausa de Joe.

–La otra es también "Sí".

–¿Sí o Sí?

–¡Exacto! Sí o Sí. En la autentica convicción ni siquiera existe la posibilidad de un "No". Y mejor será que tu repuesta sea un rotundo "Sí" porque solo tienes dos caminos y uno de ellos no creo que te guste mucho.

–¿De qué caminos hablas?

–El primero es el de aumentar el tamaño de tus ingresos al tamaño de tus sueños.

–Eso sería genial. ¿Y el segundo?

–El segundo es el de reducir el tamaño de tus sueños al tamaño de tus ingresos actuales.

Me quedo pensando en los dos caminos, como él los llama, que me acaba de proponer Joe y, de nuevo, una sensación de urgencia en mejorar mi situación financiera lo antes posible se apodera de mí. Tengo que ponerme manos a la obra ya.

–¡Hazme un favor! Sube a esa roca de ahí –me señala una roca más grande que hay junto a la orilla a la que me subo de inmediato. Desde ella tengo una perfecta panorámica del lago y del firmamento, con la luna presidiendo el momento.

–Vale, ya estoy aquí. ¿Y ahora qué?

–Ahora respóndeme a una pregunta con la máxima convicción que seas capaz.

–¡Dispara Joe!

–De los dos caminos de los que te acabo de hablar, ¿realmente quieres que sea haga realidad el primero? –me dice subiendo un poco el tono de su grave voz.

–Sí, claro –respondo un tanto extrañado por su forma de hablar.

–"¿Sí, claro?"¿Eso es responder con convicción? ¡Venga va...! Parece que estás susurrando la respuesta. La convicción habla alto y claro. Te lo vuelvo a repetir. De los dos caminos, ¿realmente quieres que sea haga realidad el primero? –me dice subiendo aun más el volumen de su voz.

–¡Sí! –digo esta vez en un tono bastante más alto.

–¡No te oigo! –Joe sigue subiendo el volumen. Esto ya ha sido un grito en toda regla.

–¡Síí...! –digo gritando incluso más que él.

–¡Quiero que te oiga Manuel en su casa! ¿Sí o Sí? –me dice Joe gritando aun más de lo que lo he hecho yo.

–¡Síííí...! –grito con toda la fuerza que puedo.

–¿Y crees plenamente en ti y en tus facultades? –vuelve a gritar como un loco.

–¡Síííííííí...! –llevo al límite mis cuerdas vocales.

–¿Vas a luchar con todas tus fuerzas para conseguir alcanzar tus sueños? –vuelve a gritar con su potente voz aun más fuerte.

–¡Síííííí...! –esta vez la voz ya incluso me falla, entrecortándose al final del berrido.

–Y ahora, toma. Aquí tienes tu tercer intento –me dice ahora, con el tranquilo tono y volumen habituales en él, a la vez que me lanza una tercera piedra que cojo al vuelo–. Pero antes dime una cosa.

–¿Cuál?

–¿Vas conseguir cruzar el lago de una vez? ¿Sí o Sí? –vuelve a gritarme como un loco.

–¡Síííííí...! ¡Síííííí...! ¡Síííííí...! –le respondo como otro loco mientras me dirijo a tomar carrerilla para el nuevo lanzamiento.

Me concentro y agradezco por adelantado al Infinito, como me explicó Mary, el haber sido capaz de alcanzar la otra orilla con la piedra. Me viene a la mente la canasta que me parecía imposible pero que conseguí encestar, y a la primera. Tengo que confiar en mí. Yo sé que puedo. No hay espacio para la duda. Solo hay dos posibilidades, Sí o Sí.

—¡Síííí o Síííí…! —grito justo antes de comenzar a correr hacia la orilla.

Esta vez, por mi deseo de aprovechar cada milímetro, acabo la carrera con ambas piernas metidas casi hasta la rodilla en el agua. No me importa si consigo que la piedra salga catapultada de mi mano derecha con la máxima potencia posible. Me quedo dentro del agua hipnotizado por la trayectoria de la piedra que no puedo dejar de mirar. La piedra cae finalmente, pero esta vez oigo un ruido distinto al de los otros intentos. Tras el impacto, observo atentamente el agua para ver si se crean las ondas que serían una clara señal de ser otro intento fallido.

—¡No hay ondas en el agua Joe! ¡Lo he cruzado, lo he conseguido! ¡Síííí…! —grito totalmente emocionado con los brazos en alto.

—Mis más sinceras felicitaciones, Jorge. Espero que recuerdes este momento el resto de tu vida —me dice Joe, esta vez en un tono mucho más sosegado y coloquial que contrasta drásticamente con los gritos de hace unos instantes.

—No olvidaré ni éste ni otros muchos momentos que he vivido estos días contigo. Gracias una vez más Joe.

—Gracias a ti Jorge. Tu disposición a escuchar y aprender durante estos días ha sido excelente. Y sé que has vivido momentos complicados. Pero has tenido el coraje de seguir adelante, aunque fuera con los ojos cerrados como al saltar del avión. Tenías que haber visto tu cara.

—¡Ja, ja, ja…! —ambos reímos recordando ese inolvidable momento.

—Lo que has conseguido ahora es eliminar al enemigo número uno de la necesaria convicción para lograr lo que sea que quieras lograr en tu vida. Ese enemigo es la duda. Nunca debes dejar espacio a la traicionera duda. La duda tiene más poder negativo del que creemos porque es adictiva. Una duda es para un emprendedor como una copa de whisky para un alcohólico. Cuando toma la primera ya no puede dejar de beber otra y otra. La primera duda abre la puerta a muchas otras, así que trata de cerrarle la puerta. Convicción total en ti y en tu proyecto, amigo mío. Además, como ya te dije, ¿si no crees tú en ti porque van a creer otras personas en ti? Es puro sentido común. Pero ahora vamos a casa, mañana salimos Mary y yo para Estados Unidos y aun no he hecho la maleta.

—Sí, además está empezando a refrescar.

—No me extraña que tengas frío. Estás empapado. ¡Ja, ja, ja...!

Volvemos hacia la casa caminando y, cuando nos acercamos al porche, Joe me coge de los hombros y se queda mirándome fijamente.

—Jorge, esta tarde hemos tocado algunos temas que quería dejar para la próxima vez que nos viésemos porque hoy hemos recibido noticias de mi país que no son muy buenas y probablemente tengamos que alargar nuestro viaje. Así que no sé cuándo volveremos a vernos.

—¿Pero está todo bien Joe? Hoy he notado a Mary un poco menos alegre de lo habitual en ella.

—Sí, tranquilo. Cosas de familia. Tú concéntrate en hacer un gran Paso Uno que es lo que ahora te toca. Recuerda que tienes que "despedir" a tu jefe de tu vida y tener uno, o varios hijos.

—Con todas las enseñanzas que has compartido conmigo estos días estaré entretenido. Voy a ir a por todas Joe. Quiero que estés orgulloso de mí.

—Lo que tienes que conseguir es estar tú orgulloso de ti mismo, no yo. Yo confío plenamente en ti, y sé por qué lo digo. Pero el reto es contigo mismo y con nadie más. Estás escribiendo tu historia, no la mía. ¿Recuerdas con quién firmaste los famosos compromisos?

—Conmigo mismo. Gracias por recordármelo Joe —le digo justo antes de fundirnos en un fuerte y largo abrazo, que solo rompo para decirle algo mirándole a los ojos—. ¡Haré alquimia conmigo mismo!

—¡Exacto! ¡Ja, ja, ja...! —nos volvemos a abrazar, esta vez riendo.

—Nunca olvidaré estos días juntos.

—Siempre estaremos juntos —me dice en con un suave y extraño tono de voz—. Pero físicamente no volveremos a estar juntos hasta que yo te llame y te lo indique. ¿De acuerdo? —prosigue con su entusiasta tono habitual.

–Ok. Esperaré tu llamada.

Entramos a la casa y allí están Mary y Sara hablando jovialmente como dos adolescentes.

–¡Ohhh! –Sara se queda mirando mi facha–. ¿Qué te ha pasado Jorge? Llevas las zapatillas empapadas.

–¡Las enseñanzas de Joe! –respondo con cara de circunstancias.

–¡Ja, ja, ja…! –los cuatro nos partimos de la risa.

Tras cambiarme de calzado, y de acabar de recoger todas mis cosas, vuelvo a bajar al salón maleta en mano.

–Sara tenemos que partir. Mañana esta parejita sale de viaje y tienen que preparar el equipaje.

–Sara, antes de iros te quiero pedir un favor –le dice Joe a Sara cogiéndola por el hombro.

–El que tú quieras Joe.

–Te pido que apoyes en todo lo que puedas a Jorge en su negocio multinivel. Él está dispuesto a luchar duro por conseguir que ambos disfrutéis una vida con mayúsculas. Pero sé que para él es muy importante tener tu apoyo incondicional. Yo le debo todo lo que tengo a este negocio, pero sin el apoyo de Mary no creo que lo hubiese conseguido. Y estoy seguro que tu marido también lo conseguirá, pero tu apoyo es fundamental. Ten paciencia y confianza en él. Jorge es un gran hombre.

–Tranquilo Joe. Ya he estado hablando con Mary de este tema y de la paciencia que también ella tuvo que tener contigo.

–¿Conmigo? ¿Paciencia? –dice Joe poniendo cara de extrañeza en claro signo de ironía.

–¡Ja, ja, ja…! –Joe consigue con su broma que la despedida se haga menos triste.

La despedida final es muy emocionante. A Sara y a Mary se les saltan las lágrimas, mientras que Joe y yo, aunque no podemos esconder nuestra emoción, nos las contenemos. Tras muchos besos y abrazos, Sara y yo nos montamos en nuestro nuevo coche, no sin antes despedirnos de Tom que, al escuchar las voces, ha salido para despedirse de nosotros muy cordialmente. Arranco y, al ver por el espejo retrovisor a los tres moviendo sus brazos en señal de despedida, una extraña sensación de vacío se apodera de mí.

La Escuela y la Carta

Ha pasado un mes desde que estuvimos con Mary y Joe y no tengo noticias suyas. Tengo muchas ganas de contarle lo bien que me van las cosas desde que estuvimos juntos. Solo en un mes he traído al negocio directamente a cinco personas, lo que me ha hecho conseguir unos bonus que este mes me van a dar un dinerito extra muy interesante. Creo que es un buen comienzo para mi renovada historia personal. He hecho una bonita relación con todos ellos que me felicitan por mi trabajo cada vez que me ven. Hasta mi vecino, al ver mis resultados, ha cambiado su manera de tratarme. Además, al verme trabajar, casi todas estas personas ya están siguiendo los consejos que me dio Joe y están comenzando todos muy bien. De hecho, ya somos veinte personas en el equipo en total. Gracias a la buena marcha del equipo, todos están muy emocionados y enfocados. Mis uplines están encantados conmigo y se ofrecen constantemente para ayudarme en lo que necesite. Incluso han reconocido públicamente mi esfuerzo en la última reunión. De hecho, aunque Joe me pidió que fuera él quien se pusiera en contacto conmigo, creo que le voy a llamar para contárselo. No creo que se enfade.

Cojo el móvil para buscar su número y, justo en ese momento, se enciende la pantalla y veo que es el número de teléfono móvil de Mary.

—Vaya, ya estamos con las causalidades de Joe —hablo conmigo mismo en voz alta antes de coger la llamada.

—¿Quién eres Mary o Joe? —respondo jocosamente.

—Hola Jorge. Soy Mary —escucho la voz de Mary al otro lado pero su voz denota que algo no anda bien.

—Hola Mary ¿Qué te pasa?

—Estoy con Joe en el hospital. Está muy malito. Los médicos me acaban de dar muy malas noticias sobre su estado y nos gustaría que vinieseis.

—¿Cómo? Tranquila Mary. Joe es un hombre muy fuerte.

—Lo sé. Pero los médicos son ahora bastante pesimistas. No sé si sobrevivirá.

—Bueno, tú tranquila. Nosotros cogemos el primer avión y ya verás que cuando quieras darte cuenta estamos los cuatro riéndonos de esto alrededor de uno de tus guisos —intento quitarle hierro al asunto a pesar de que la noticia me ha dejado en shock y no sé muy bien lo que digo—. Mándame las indicaciones.

—¿Podríais salir en el primer avión de la mañana?

—Claro Mary.

—Ok. Mándame entonces vuestros datos y nuestra agencia de viajes os gestionará los boletos para el avión que sale mañana a las ocho de la mañana. Ellos os enviarán los detalles a vuestro correo electrónico. Siento mucho meteros tantas prisas.

—Por favor Mary. Lo que haga falta. Tú estate tranquila. Ya verás como todo se queda en un susto.

—Ojalá tengas razón Jorge.

Tras despedirnos, me quedo por un momento sentado en silencio, respirando profundamente, tratando de digerir lo que acabo de escuchar. Cuando me recupero un poco del susto, me dirijo al salón para informar de la situación a Sara, que se queda tan impresionada como yo.

A primera hora de la mañana salimos en taxi hacia el aeropuerto. Cuando llegamos nos informan de que Mary nos ha comprado billetes en primera clase, lo que hará que el viaje sea mucho más llevadero. Pero, por desgracia, unos asientos más anchos o las amables atenciones de las azafatas no nos quitan la sensación de nervios que tenemos interiormente.

Tras casi nueve horas de vuelo llegamos al aeropuerto y al salir vemos al impecable Tom esperándonos y moviendo el brazo para que le veamos. Me fundo con él en un cálido y fuerte abrazo. También a Tom se le nota muy afectado. Nos subimos a un 4x4 parecido al otro y partimos. Tom no parece la misma persona. Su jovialidad y amena conversación habituales se han tornado en un respetuoso y solemne silencio, que Sara y yo secundamos. Estamos los tres sin palabras. Tras un trayecto de más de una hora, llegamos a otra casa de madera en cuyo porche distinguimos rápidamente la figura de Mary. Salimos del coche tan rápido como podemos para darle un abrazo.

—¿Cómo está Joe? Pensaba que íbamos al hospital —le digo un poco extrañado.

—Pasad. Os tengo que contar algo —nos responde un tanto cabizbaja.

Al entrar vemos una casa con un estilo similar a la otra. Hay muchas de fotos de Joe y Mary con distintas personas. Nos sentamos esperando ansiosos lo que Mary tiene que decirnos.

—Veréis, desgraciadamente Joe ha fallecido esta noche.

—¿Cómo? —la respuesta de Mary hace que mis piernas comiencen a temblar y me tenga que sentar.

—¡Lo siento mucho Mary! —le responde Sara a la vez que la abraza entre lloros. Yo la sigo a continuación. Al mantenernos los tres abrazados siento una extraña sensación interior. Le había cogido un gran cariño a Joe pero solo tuve unos pocos días para disfrutar de su maravillosa y sabia compañía. No es justo que muera ahora. Tenía muchas cosas que contarle de las que habría estado muy orgulloso y ahora ya no podré hacerlo. La sensación de tristeza se va convirtiendo en rabia por no entender por qué alguien tan especial como él tiene que morir.

Tras el primer impacto, y el consiguiente desahogo a base de lloros, la situación se tranquiliza. Es entonces cuando Mary nos explica lo que ha sucedido con Joe.

—El último día que estuvimos juntos recibimos una llamada del hospital con el resultado de unas pruebas que, en principio, eran rutinarias. Pero esta vez encontraron algo en el corazón de Joe que no estaba funcionando correctamente. Nos pusimos en contacto con un gran amigo de Joe que es uno de los mejores cardiólogos del mundo y nos dijo que viniésemos lo antes posible para comenzar un tratamiento y hacer una cirugía. Así que decidimos no perder un segundo y, como sabéis, nos vinimos al día siguiente.

–Pero Joe estaba bien fuerte. Acuérdate de la paliza que me disteis caminando –le recuerdo a Mary en un intento de entender lo que ha pasado.

–Sí, eso pensábamos todos. De hecho, tras la operación, el doctor nos dio buenas expectativas pero, no se sabe muy bien por qué, los últimos días se empezaron a complicar las cosas hasta que ocurrió lo que ocurrió. Es triste pero es así y, como él siempre decía, hay que aceptarlo lo antes posible. Por si os sirve de alivio, os diré que Joe no perdió su buen humor en ningún momento. Él era el que me daba ánimos a mí en los últimos momentos. Se fue con una sonrisa en sus labios y cogiendo con fuerza mis manos. La verdad es que con las terribles formas que hay de morir, la suya ha sido una bendición.

–¡Ya estamos con la alquimia! –le consigo arrancar una leve sonrisa con mis palabras que le devuelvo junto a un beso en la frente.

–Pues sí. Mi amado Alquimista ha sido coherente con sus creencias hasta el último instante. Ya sabéis que Joe tenía una relación muy especial con la muerte. El no tenía ningún miedo de ella. Muy al contrario siempre hablaba de ella como una gran amiga que le ayudó a ser quien era. La mejor versión de él mismo que jamás soñó ser, como siempre decía. Joe ha sido la persona más íntegra y honesta que he conocido nunca y para mí ha sido un verdadero privilegio compartir todos estos años con él. Él me pidió que fuese fuerte, que siempre le recordase feliz y que me concentrase en ser lo más feliz que fuera capaz hasta nuestro reencuentro en el Infinito. Al final, en un momento de lucidez, me pidió que os dijese que os quería mucho a los dos y que os pidiera lo mismo. Ese es el mejor homenaje que le podemos hacer.

–No tuve la suerte de conocerle tanto como tú, pero sí el suficiente para darme cuenta de que ha sido un gran hombre. De eso no hay duda. Y tú también eres una gran mujer Mary. Te pido por favor que cuentes con nosotros para todo lo que necesites –le respondo tratando de hacerme el fuerte aunque en realidad me invade la tristeza.

—Bueno, ahora descansad y relajaos un poco. Estos viaje tan largos cansan mucho. Mañana será la despedida final y todavía tengo que preparar algunas cosas.

—¿Mañana? ¿Tan rápido? —pregunta Sara.

—Sí, Joe me lo pidió así y así se hará. Le incineraremos por la mañana y luego iremos a depositar sus cenizas en la escuela.

—¿En la escuela? —pregunto extrañado.

—¿No te habló Joe de la escuela?

—Pues la verdad es que hablamos de muchas cosas pero no me habló de ninguna escuela.

—Muy típico de él. Seguramente quería enseñártela él mismo. La escuela fue su gran proyecto. Su Motivacción, como él la llamaba.

—¡Ah! Es verdad que un día le pregunté por ella y me dijo que en vez de contármela, prefería que algún día la viese con mis propios ojos. Ahora lo entiendo.

—A los pocos días de conocernos, en los que casi no nos separamos, Joe me pidió que quería irse solo al bosque unos días porque tenía que encontrar algo en su interior.

—¡Su Motivacción! —me anticipo.

—Sí, su Motivacción. A mí no me gustó la idea de separarnos, pero me explicó que era por el bien de ambos y lo acepté. Cuando volvió me contó que la última noche, cuando estaba a punto de desistir y volver, tuvo un sueño muy real. En ese sueño aparecía la escuela que mañana conoceréis. Esta escuela es totalmente gratuita pero solo acceden chicos que vienen de orfanatos. Imagino que Joe te explicó que él tuvo que estar unos cuantos años en orfanatos, y aquella experiencia le marcó mucho. En su sueño los edificios eran de una forma muy concreta y los niños aprendían de una forma distinta. De hecho por eso lo del nombre.

—¿Y cómo se llama la escuela? —pregunto presa de la curiosidad.

—Ah claro, perdonadme. Estoy un poco cansada. Se llama "Escuela de Genios".

—¿Escuela de Genios?

–Sí. Él siempre me decía que lo que quería era cambiar el mundo y que la única forma de hacerlo era a través de una educación distinta a la habitual. Él se propuso utilizar las técnicas más avanzadas de educación para convertir a estos chicos y chicas abandonados por la sociedad en personas de excelencia en sus profesiones, educadas en libertad y rodeadas de cariño y valores universales. Con la misma filosofía que en su negocio, él sabía que esos chicos seguirían llevando su mensaje al mundo aun cuando él ya no estuviera. Él decía que cada niño era una semilla que cuando brotase, crecería hasta formar un nuevo bosque. Podíamos haber tenido muchos más lujos pero, por mutuo acuerdo, decidimos invertir en la escuela para ayudar a estos chicos y chicas. Por eso nunca echamos de menos el no poder tener hijos; porque en realidad es como si hubiésemos tenido cientos. No os podéis imaginar lo agradecidos y cariñosos que pueden llegar a ser estos chicos y chicas.

–¡Guau, es una historia preciosa Mary! –Joe sigue sorprendiéndome desde donde esté.

–Bueno, ahora descansad. Mañana Tom pasará a recogeros a las doce de mediodía. Os he preparado el dormitorio principal para dormir. Tenéis de todo en la casa pero si necesitáis cualquier cosa llamadme a la hora que sea desde el teléfono que hay en el salón.

–Gracias Mary. Ve tranquila. Estaremos bien –le dice Sara a la vez que se abrazan.

–¡Ah, se me olvidaba una cosa! Mañana, por expreso deseo de Joe, está prohibida la ropa de luto. Él me pidió que el momento de su despedida sea lo más alegre posible, y así lo haremos.

–Perfecto Mary. Vestiremos con nuestra ropa más alegre.

A la mañana siguiente, y tras dar un paseo con Sara por los bellos parajes de los alrededores de la casa, vemos que se acerca el 4x4 de ayer con Tom al volante.

–¿Están preparados? –parece que hoy Tom está un poco mejor de ánimo.

–Por supuesto Tom. Vamos, no queremos llegar tarde.

Nos ponemos en marcha y en unos veinte minutos llegamos a un lugar que, ya desde que se divisa a lo lejos, parece de otro planeta. Veo un grupo de edificios que, para nuestra sorpresa, tienen forma esférica. Al llegar a la entrada vemos un precioso cartel con unas palabras que corroboran lo que nos adelantó Mary ayer, "Escuela de Genios". Entramos a uno de los edificios esféricos que está lleno de gente y vemos a Mary que, al vernos, se acerca rápidamente hacia donde estamos.

–¡Este lugar es alucinante Mary! –le digo mirando boquiabierto el interior del esférico edificio en el que nos encontramos.

–Gracias Jorge. Es el resultado del trabajo y la dedicación de muchos años. Todavía hay tiempo. Dad una vuelta y lo vais viendo mejor. En cuanto pueda estoy con vosotros.

–De acuerdo Mary. Atiende a la gente y estate tranquila por nosotros. Mientras tanto echaremos un vistazo por ahí.

Nos dirigimos hacia otra puerta en forma de arco que se encuentra justo al otro lado del edificio. Y al abrir la puerta Sara y yo nos quedamos sin palabras. Seis edificios esféricos rodean a un edificio central con forma piramidal. El espacio que los separa está lleno de jardines, fuentes, plantas de cultivo y árboles frutales. Varios caminos, que se entrelazan entre todas las plantas, conectan todos los edificios entre sí. Suena de fondo una bella pieza de música clásica. Comenzamos a andar por uno de los caminos y no dejamos de sorprendernos a cada paso. Cada flor que vemos es más bella que la anterior. Muchos niños y niñas de diferentes edades van andando de un edificio a otro conversando alegremente a la vez que otros más pequeños, que pasan correteando por nuestro lado, nos saludan muy educadamente entre juegos y risas. Yo me esperaba un sitio lleno de gente apenada por la muerte de Joe, pero la verdad es que el ambiente que se respira no es de tristeza, sino de una extraña y alegre paz. Nos acercamos a uno de los edificios esféricos en cuya puerta hay un cartel de madera en donde están labradas a mano las palabras "Arte y Tecnología". Abrimos la puerta y silenciosamente accedemos al interior. Es una estancia que vuelve a dejarnos boquiabiertos. A un lado un montón de chicos y chicas de distintas edades interactúan con diferentes dispositivos tecnológicos. Al otro lado, también chavales de ambos sexos y distintas edades, practican con todo tipo de técnicas artísticas; desde escultura con hierro o piedra, pasando por pintura sobre diferentes superficies mientras otros no dejan de hacer fotografías a todos los demás.

–¡Cuidado! –oigo justo antes de agacharme instintivamente.

A continuación oigo un zumbido que pasa muy cerca de mí seguido de un fuerte estruendo que proviene de la pared.

—¡Perdone señor! A veces el dron se desconfigura y no hay manera de controlarlo —me dice un niño de unos nueve o diez años.

—Pues con el golpe que se ha llevado creo que tendrás que pensar en comprar uno nuevo —le respondo al ver el dispositivo accidentado en el suelo junto con algunas piezas que parece que se han roto en el accidente.

—¿Comprar otro? Pero señor, si lo he fabricado yo.

—¿Lo has hecho tú solo?

—Sí, señor. Con piezas recicladas de distintos aparatos que no funcionaban.

—¡Vaya! Un aprendiz de alquimista. ¡Felicidades!

—¡Gracias señor! —me dice justo antes de salir corriendo hacia una mesa con todas las piezas que acaba de recoger del suelo.

No queremos molestar ni ser arrollados por otro robot así que decidimos salir y nos encaminamos al siguiente edificio. A medida que nos acercamos aumenta el volumen de una bella melodía que me es familiar. En la puerta un cartel similar al otro nos informa que éste es el edificio dedicado a la música. Entramos y nos sentamos en unas sillas que hay junto a la puerta. Allí, una gran orquesta de chavales de todas las edades está practicando una bella versión de "My Way". Deben haberla practicado mucho porque la verdad es que la interpretan a la perfección. Nadie podría decir que esta orquesta está formada por niños y niñas. Sara y yo nos miramos con cara de ternura al ver cómo se felicitan entre ellos al terminar la pieza. El ambiente no puede ser más alegre y amistoso.

—Os estaba buscando. ¿Qué os parece el lugar? —oímos la voz de Mary entrando por la puerta.

—¡Es alucinante Mary! —le responde Sara.

—Con razón Joe quería que lo viese con mis propios ojos. Nunca lo podría haber imaginado si me lo hubiese contado con palabras —le respondo un poco emocionado por el recuerdo de nuestro querido Joe.

—Aquí dejamos que sean los chicos quienes decidan lo que quieren estudiar y el tiempo que le quieren dedicar al día. No hay un mínimo de horas, aunque sí un máximo.

—¿Un máximo de horas?

—Sí, a algunos a veces hay que sacarles del aula casi a la fuerza porque quieren seguir con sus pruebas y sus experimentos. Es increíble el cambio que se crea en ellos si en vez de obligarles a estudiar lo que no quieren, les dejas libertad para que sean ellos los que elijan qué, y cuánto, aprender.

—¡Felicidades por esta labor Mary!

—Gracias. Ahora acompañadme por favor. Vamos a proceder a plantar el árbol.

—¿A plantar un árbol? —le pregunta Sara.

—Si, Joe quería que sus cenizas se esparciesen en esta tierra, junto con las raíces de un olivo para que su energía siguiese aquí, junto a los chicos, a través del árbol. Algún día yo le acompañaré de la misma forma en otro olivo a su lado.

—Me parece una idea muy especial. De hecho, viniendo de Joe, no me sorprende en absoluto —los tres sonreímos emocionados al recordar su ingenio—. ¿Pero por qué un olivo?

—Era un árbol sagrado en la antigua Grecia. A Joe le apasionaba esa parte de la historia y su conocimiento. Además es perfecto para este clima seco.

Ahora parece que nos dirigimos hacia el cristalino edificio central con forma piramidal. Por lo que nos cuenta Mary es el lugar donde los estudiantes tienen sus dormitorios, además de albergar una gran biblioteca y zonas de ocio.

Al vernos con Mary, todos los asistentes nos saludan muy educadamente como si nos conociesen. Me llama la atención que es el primer entierro al que asisto que nadie va de negro. Muy por el contrario, todos han seguido las instrucciones de Joe y visten de alegres colores, lo que sin duda le quita solemnidad al momento. Por fin, y tras varios empujones involuntarios debidos a la enorme cantidad de gente que ha venido a despedir a Joe, llegamos al edificio. Jamás había visto algo similar; es una enorme pirámide perfecta de cristal. A un lado de la puerta principal hay un hoyo junto a unas sillas y un micrófono. Mary nos señala unas sillas que hay en primera fila.

—Sentaos por favor. La ceremonia va a comenzar.

—Gracias Mary.

Somos de los pocos privilegiados que tenemos sillas. La mayoría de gente está de pie. Sumando los invitados a los estudiantes, que ahora sí que guardan un respetuoso silencio, debe haber más de mil personas. Vemos a Mary que sale del edificio con la urna que vi en el despacho de Joe. Esa urna me recuerda el día de la conversación con Joe sobre los "inmortales" y me emociono hasta el punto de necesitar pedirle un pañuelo a la previsora Sara. Es increíble el cariño que le cogí a Joe en solo unos días. Aunque por lo que veo hay muchísima gente que también le quería y respetaba.

Tras varias intervenciones, incluida la de Mary, que emocionan a todo el mundo, llega el momento de plantar un joven olivo junto con las cenizas de Joe. En ese momento, los chavales de la orquesta que vimos antes comienzan a acompañar el momento con el tema que estaban practicando, "My way". Ver a Mary echando las cenizas en el hoyo junto con esta versión de la canción de su amigo Frank Sinatra crea un momento realmente emocionante. Todo el mundo tiene los ojos abrillantados por las lágrimas que quieren brotar. Tras acabar de plantar el árbol, Mary se dirige al micrófono.

–Gracias a todos por haber venido a despedir a Joe. No quiero extenderme mucho más. En fin, ya le conocíais, no le gustaban los dramas y me dejó bien clara su voluntad de que este momento fuese un momento alegre. Así que nos gustaría que todos disfrutaseis de unos aperitivos y un buen vino acompañados por la orquesta de la escuela. El mejor homenaje que le podemos hacer a Joe es disfrutar este momento con alegría. Así que, adelante por favor.

Entonces, comienzan a salir camareros con elegante indumentaria por la puerta de la pirámide con bandejas llenas de comida y distintas bebidas. Algunas personas se acercan hasta el recién transplantado olivo y lo tocan reverencialmente como para despedirse personalmente de Joe. Nosotros pasamos el resto del día hablando con diferentes personas y disfrutando de este día tan inolvidable, aunque tratando de estar en todo momento cerca de Mary por si nos necesita. Cuando ya la mayoría de invitados han partido, Tom nos lleva, junto a Mary, de nuevo a la casa para descansar. Al entrar en el interior Mary se dirige a un escritorio y saca algo de uno de los cajones antes de dirigirse hacia mí.

–Jorge, quiero que sepas que Joe estuvo pensando mucho en ti en sus últimos días de vida. De hecho estuvo aprovechando prácticamente hasta el último momento de consciencia para escribir esta carta para ti.

—¿Para mí? ¿Una carta? —Joe sigue sorprendiéndome desde donde esté.

—Sí, para ti. Y me dijo que te pidiese que la leyeras tú solo, y en un momento que estés bien tranquilo. Aquí la tienes, es tuya.

Mary alarga su mano y me entrega un sobre cerrado con unas letras impresas a mano, "Para mi gran amigo Jorge". Solo leerlas, y reconocer la letra de Joe, provoca que se me salten las lágrimas. Me siento porque de la impresión me ha comenzado a temblar todo el cuerpo.

—Gracias Mary —le doy un cariñoso abrazo al que también se une Sara—. Me voy a dar una vuelta para hacer un poco de ejercicio y, si tengo fuerzas, para leer la carta. ¿Os parece bien?

—¡Claro cariño! Ve tranquilo. Te esperamos aquí —me anima Sara.

Salgo por la puerta resoplando por la emoción. Miro la carta con mi nombre escrito a mano por Joe y me crea una doble sensación. Por un lado tengo la parte curiosa e impaciente de querer saber lo antes posible lo que dejó escrito para mí. Por el otro lado hay algo que no sabe si es el momento correcto, pues estoy demasiado emocionado. Guardo la carta y comienzo a andar para tratar de relajarme. Poco a poco está anocheciendo y decido aprovechar la inclinación de un montículo y su fina arena para tumbarme a mirar el firmamento que, al haber luna nueva y estar apartados de cualquier núcleo urbano, empieza a parecerse a un tapiz bordado con estrellas. Es un verdadero espectáculo de la naturaleza que me recuerda aquella noche de luna llena junto al lago. Con lo que le gustaba la naturaleza a él, seguro que admiró la bóveda celeste desde este mismo sitio en el que me encuentro multitud de veces. De hecho, casi puedo sentir su presencia en este lugar. Entonces, justo al pensar en él, una enorme estrella fugaz dibujando una larga y brillante estela, cruza el cielo e ilumina por unos instantes todo a mi alrededor.

—¡Otra causalidad! Quieres que abra la carta ahora, ¿verdad Joe?

—hablo con él en voz alta como si estuviese aquí conmigo—. De acuerdo, ya la abro.

Abro el sobre tan delicadamente como soy capaz para que se rompa lo mínimo posible. Probablemente lo guarde el resto de mi vida. Nervioso y medio temblando saco del sobre varias cuartillas dobladas. Enciendo el teléfono móvil para alumbrarme y, sin pensarlo dos veces, comienzo a leer...

Hola Jorge...

Si estás leyendo esta carta es porque ya he dejado mi cuerpo físico y estoy camino del Infinito. Perdóname por no haber podido despedirme de ti y de Sara en persona pero los acontecimientos se han acelerado.

En primer lugar voy a compartir un secreto contigo. Siempre te dije que todo en nuestra corta pero intensa relación era una causalidad. Lo que no te conté es que Don José, que también heredó de su abuelo el don de la clarividencia, me dio multitud de detalles que se fueron corroborando uno tras otro. Uno de ellos era que me salvarías la vida pero que, paradójicamente, nuestro encuentro también sería una especie de cuenta atrás para mi muerte. Él me aseguró que tras nuestro sincrónico encuentro no viviría más de tres meses y, por lo que parece, va a volver a acertar. Imagino que ahora entenderás el porqué de insistirte tantas veces en que no teníamos mucho tiempo.

Pero bueno, como no sé cuánto tiempo me queda, no quiero perder ni un segundo y dejarte en negro sobre blanco varias cosas antes de partir hacia mi destino.

En primer lugar, quiero felicitarte porque estoy seguro de que este mes has tenido unos magníficos resultados al poner en práctica todo lo que hablamos. Don José me anticipó que sería así, y no seré yo el que lo ponga en duda. Por otro lado estarás pensando que no llegamos a hablar del Paso Dos y tienes razón. Así que voy a tratar brevemente este tema.

Ya te dije que el éxito en tu negocio te llegaría cuando consiguieses que muchas personas consiguiesen hacer un gran Paso Uno, así que te voy a hacer un resumen telegrafiado del Paso Dos: "Explicar porqué, y cómo, hacer un gran Paso Uno a la mayor cantidad de personas posible". Como ya vimos que *para ello es imprescindible que lo hayas hecho tú antes, lo harás básicamente contándoles tu historia personal de superación en las presentaciones de negocio y talleres que, en esa fase sí, serán algunas de tus funciones principales. Y no te olvides de seguir practicando el arte de hacer preguntas, y escuchar atentamente las respuestas, hasta convertirte en un maestro del mismo.*

¿El Paso Dos te parece demasiado sencillo? Amigo mío, no te dejes engañar por la sencillez de la definición que he utilizado. Puedes contar muy bien tu historia miles de veces, ayudando así a que mucha gente entre al negocio, y no conseguir el verdadero objetivo de éste, la libertad. Es más, podrás ganar dinero pero si te vuelves indispensable corres el peligro de convertirte en un esclavo del negocio. Y por eso mismo el nombre del Paso Dos es "Enseñar a Enseñar". O lo que es lo mismo, que tienes que darte cuenta de que no estarás formando alumnos, sino formadores que deberán estar igual de enfocados y preparados que tú, o mejor. Y para ello ya te hablé de la imprescindible, y despiadadamente sincera, búsqueda de la Motivacción, tanto la tuya como la de cada uno de ellos. Si no saben por qué hacerlo, no lo harán con la intensidad necesaria. La Motivacción es la clave, pues sin ella clara es difícil llegar a la cima, a la libertad. Ya te dije que cuando lleguen momentos difíciles y tengas que motivarles, conocer sus Motivacciones te será de gran ayuda para ti y para ellos.

En mi experiencia me he dado cuenta que la gente suele hacer lo que ve, así que tendrás que ser un modelo de vida para ellos cada día y tu convicción deberá ser más grande que tú mismo. Nunca te dejes impregnar por nadie que no sea ejemplar y nunca pierdas una oportunidad para dejar una impronta de honestidad e integridad. Tu comportamiento ejemplar debe ser siempre tu carta de presentación. Recuerda lo que te conté de las neuronas espejo.

Tu tiempo es limitado así que tendrás que ser muy objetivo para dedicárselo en más cantidad a los componentes de tu equipo que estén más enfocados y dispuestos a esforzarse. Duplicar tu conocimiento, y tu enfoque, en otro es algo que lleva tiempo y esfuerzo, así que tendrás que hacer una selección de los mejores para hacer un trabajo de duplicación más personal y detallado con ellos. Serán tus alumnos adelantados.

Para todos los demás, que todavía no están lo suficientemente enfocados, tendrás muchas oportunidades de hacerles reflexionar en los talleres y reuniones. Talleres y reuniones que crecerán por todo el mundo a través de los socios aventajados y enfocados. Recuerda que tu éxito empresarial y tus ingresos crecerán proporcionalmente a la cantidad de la gente que seas capaz de ayudar.

Nunca olvides tus Compromisos contigo mismo. Si los sigues al pie de la letra todo será más fácil. Ellos te ayudarán a ser el mejor producto de tu negocio.

Nunca dejes de utilizar las Palancas Mágicas. Ellas te catapultarán en tu camino al éxito. Son recursos gratuitos de invaluable valor.

No te despistes, porque caer en alguna de las Trampas Letales es más fácil de lo que crees. Y ya sabes que cuando les puse el adjetivo de "letales" no fue por casualidad, pues la supervivencia de tu negocio está en juego.

Nunca dejes de agradecer, agradecer y agradecer. Cuando te acostumbres a hacerlo a diario entenderás el increíble poder que tienen estas tres palabras para cambiar tu vida.

Y sobre todo estate muy atento a los intentos de autosabotaje que los virus mentales intentarán durante toda tu vida. He visto gente que ha llegado muy alto y ahí se relajaron, lo que les hizo bajar la guardia y el virus de la arrogancia o el de la sober-

bia les hizo perder la inestimable ayuda que la humildad supone en cualquier relación personal, y mucho más en este negocio. Pues es esa humildad la que te permitirá trabajar en equipo de manera eficaz. Es una gran verdad que este negocio depende de ti, pero también lo es que en solitario no se llega muy lejos.

Recuerda, amigo Jorge, que el éxito no es un lugar, sino un camino que no acaba nunca. El verdadero éxito, además de alcanzar la libertad, es acercarte lo más posible a la mejor versión de ti mismo que puedas imaginar y ayudar a otros a hacer lo mismo con sus vidas. El dinero y la abundancia siempre son una consecuencia de este proceso.

Recuerda también que cada día tiene su propio afán, así que concéntrate en el paso que estés dando en cada momento. No te agobies nunca por el futuro pero no dejes para mañana lo que puedas hacer hoy. Y recuerda perdonar tu pasado, pues eres quien eres gracias a él.

Habrán momentos difíciles en el Camino en los que te vendrá bien volver a aprender a reírte de ti mismo para disfrutar más y mejor del mismo. Si tienes la conciencia de haber hecho las cosas lo mejor que hayas podido en cada momento te será mucho más fácil hacerlo, claro. Cuando nos hacemos adultos nos solemos tomar todo demasiado en serio, incluidos a nosotros mismos; pero cuando observas la vida desde su ocaso, como yo ahora, te das cuenta claramente que en realidad era todo un Gran Juego, el gran juego de la Vida. Lucha por tus sueños pero no te olvides de jugar, de disfrutar de la oportunidad de Vivir.

He dejado para el final algo que no te esperas. Voy a revelarte otra de las predicciones de mi querido Don José. ¿Recuerdas el libro de cuero en blanco que te regalé? No fue un regalo al azar. Él me adelantó que, aunque nunca hubieses creído mucho en tus posibilidades, tendrías un gran don para la escritura. Él me insistió en que, cuando te conociese, te pidiese que tomaras apuntes de todo lo que hablásemos para que, al dejar yo esta vida, escribieses un relato con todas nuestras conversaciones. Él me aseguró que, según sus visiones, ese libro iba a ayudar a gran cantidad de personas en todas partes del mundo. Espero que ahora entiendas lo pesado que fui con lo de los apuntes. Me gustaría ver tu cara al leer esta parte de la carta, aunque me la imagino. Es tu destino, amigo mío.

Estoy un poco cansado y me está costando mucho escribir, así que voy a ir terminando. Ha sido un verdadero placer y un gran honor conocerte y compartir aquellos maravillosos días contigo. A lo mejor te parece que fueron pocos, pero ya sabes que para mí lo importante nunca es la cantidad sino la calidad. Te deseo la mejor de las suertes en tu negocio y en todos los proyectos y desafíos que se te presenten, incluido el de ser padre. Estoy seguro que tus futuros hijos te van a amar y admirar mucho.

Para terminar te pido que Sara y tú estéis un poco pendientes de Mary. Es fuerte pero esto será duro para ella. Gracias por vuestra ayuda por adelantado.

Amigo Jorge, un abrazo fuerte para ti y otro para Sara. Y de nuevo, mil gracias por tu corta pero intensa y sincera amistad. Nos vemos en el Infinito.

Tu amigo, siempre, Joe.

Posdata : Solo una cosa más. Estaba pensando en tu futuro y exitoso libro y se me ha ocurrido una sugerencia final. ¿Qué te parece como título "El Alquimista del Multinivel"?

FIN

Apéndice 1:

Las 8 Palancas Mágicas y el Fulcro.

Primera: Apaláncate en tus detractores.

Segunda: Utiliza el poder de las Probabilidades.

Tercera: Utiliza el poder de la Edificación.

Cuarta: Alimenta tu Alma correctamente.

Quinta: Permite que el Sistema trabaje a tu favor.

Sexta: Agradecer, Agradecer y Agradecer.

Séptima: Pregunta como Sócrates.

Octava: Apúntale a la Luna.

...Y el Fulcro Mágico: Encuentra tu Motivacción.

Apéndice 2:

Las 8 Trampas Letales.

Primera: Dejarte arrastrar por los Matasueños.

Segunda: Tratar de hacer el Paso Dos sin haber hecho antes un gran Paso Uno.

Tercera: Los Chismorreos.

Cuarta: La Autocompasión.

Quinta: Convertirte en un Cartógrafo.

Sexta: Creerte Inmortal.

Séptima: Tratar a tus megaclientes como empleados.

Octava: Ver solo con los ojos.